教育部人文社会科学研究规划基金项目（13YJAZH034）
华东交通大学教材（专著）出版基金资助项目

学生视角的中国教师批评话语研究

胡丹 著

高等教育出版社·北京

图书在版编目（C I P）数据

学生视角的中国教师批评话语研究 / 胡丹著. -- 北京：高等教育出版社，2015.4
ISBN 978-7-04-041718-0

Ⅰ. ①学… Ⅱ. ①胡… Ⅲ. ①教师－话语语言学－研究 Ⅳ. ①H0

中国版本图书馆 CIP 数据核字（2015）第015160号

策划编辑 贾巍巍　　责任编辑 谢 森 马小洁　　封面设计 王 洋
版式设计 魏 亮　　责任校对 马小洁　　责任印制 田 甜

出版发行	高等教育出版社	咨询电话	400-810-0598
社　　址	北京市西城区德外大街4号	网　　址	http://www.hep.edu.cn
邮政编码	100120		http://www.hep.com.cn
印　　刷	北京市昌平百善印刷厂	网上订购	http://www.landraco.com
开　　本	787mm×1092mm 1/16		http://www.landraco.com.cn
印　　张	13.75	版　　次	2015年4月第1版
字　　数	210千字	印　　次	2015年12月第2次印刷
购书热线	010-58581118	定　　价	29.00元

本书如有缺页、倒页、脱页等质量问题，请到所购图书销售部门联系调换

物 料 号　41718-00

序 言

胡丹教授的著作《学生视角的中国教师批评话语研究》是她数十年献身教育的结晶，也是她攻读博士学位的成果。

我非常欣然为她作序，因为我很欣慰地看到她一步步走来，终于圆了她的一个夙愿。30年前，在我主持召开的一个外语工作协作会上，我初次见到她。那时她刚从大学毕业来江西任教，非常虚心好学、奋发向上。后来我常听闻她口碑好。随着多年一起参与大学外语学会的活动，以及一起做评委、编书等，我亲身感知她是一个治学严谨、乐于奉献、敢于负责、求真务实、踏实肯干、亲和力强的人。她善于学习新知识，勇于探索。早在1991年时，她就提出把形成性考核用于外语教学，开始了素质教育的实践；她积极开展教学改革，提出了“问题—主题—表达式”教学模式，在不同层次的班级进行试点，取得良好教学效果，荣获江西省教学改革成果三等奖。她指导的数十名学生获得全国或全省各类英语大赛一、二等奖。她在1996—2004年担任大外部主任、外语学院院长时提出了“反思教学”和“反思观摩教学”，经常组织教师在校内外集体观摩教学与评教活动。她率先在全省为外语学院英语教师争取到学校支持开办外语教师硕士班和集体到国外进行实地英语培训的机会；实行青年教师导师制；积极争取到全国外语教学改革试验点等。这些都有效地促使她所在学校外语教学水平大上台阶，在省内享有盛誉。

胡丹50多岁读博，这在江西外语教师中实属罕见，国内也不多见。最为可贵的是，她不是徒有虚名，而是扎扎实实地学，真心实意想提升自己的专业水平和研究能力，从而更好地从教与施教。

“学高为师，德高为范。”她酷爱教育事业，潜心教学与研究，毫不急功近利、心浮气躁。她关爱学生，尤其心系问题学生。她注重方法，潜心研究如何恰当使用言语启迪学生的心扉。她用真心、爱心、耐心、细心感化了相当多的问题学生，帮助他们成功毕业，健康成长。总之，她对教育事业的挚爱，不断攀登，永不满足的精神给我留下极佳的印象。

胡丹长期以来致力于研究教师批评话语。2011年她以《学生视角的中国教师批评话语功能–语用研究》申报国家社科课题成功入围。2013年她申报教育部人文社会科学研究项目成功立项，可见她从事的研究有相当的认可度。

其专著《学生视角的中国教师批评话语研究》以功能–语用学理论为研究框架，对学生视角的中国教师批评话语进行了较为深入、全面、系统的分析和探讨。该研究通过调查问卷收集学生记忆中最为深刻或影响最大的教师批评话语和学生改写的教师批评话语，利用系统功能语言学在语篇分析上的优势，对经语料处理的两类批评话语进行概念、人际、语篇功能分析，据实客观得出恰当与失当的教师批评话语的典型特征，并探析其所隐含的思想意识、态度、情感、人际关系、权势关系，以及所折射的问题和引发的思考，尤其对一些隐性的批评言语构式进行了揭示；利用语用学在探析语言使用者和接受者方面的优势，针对两类批评言语特征及其出现的一些变异，特别是对间接性/隐性语言进行批评语用阐释；以丰富的例证表明批评话语语类因语域不同而有差异，批评者需根据体裁、目的、场合、对象变通选择话语。从学生的视角研究教师的批评话语可以帮助教师更清楚地了解学生的情感、态度和观点，从而改善教学教育方式和效果。基于教师批评话语存在的问题，作者制定了“四性”（针对性、导向性、多样性、得体性）评价原则，构建了积极批评话语模式（非人格化方式、辩证方式、修正方式、积极正面方式、委婉低调方式、自省式和启迪式）。这有利于批评发挥其“改过、改正、改进、改善、改变”等功能；这对提高教师批评话语的质量、改进师生人际关系、促进教学有积极意义。

目前国内尚缺论著从学生视角采用语料库方式对教师批评话语进行系统的功能–语用研究。本书选题新颖，有独创性。作者采取定量研究与定性研究相结合的研究方法，研究和撰写态度认真。研究有新见解、新发现。全文结构清晰、层次分明、论述合理、分析细致、数据充分、例证翔实、格式规范。所提出的教师积极批评话语模式具有相当的实用和理论价值，对我国广大教师、教育工作者、研究者乃至注重人际交往的人，都有很大的借鉴和参考作用。如果人们正确认知、调控、有效选择词语、句式、语序、语气、语调、视角，恰当运用批评，一定能促进个人和社会的健康、良性发展。故欣然作序强力推荐此书。相信这本书一定会受到许多学生、教育工作者、人际交流爱好者的欢迎。

赵国杰
于江西共青城
2014年8月28日

摘要

《学生视角的中国教师批评话语研究》通过问卷调查收集语料，采用语料库分析方法研究具有中国特色的教师批评话语，透视师生的价值取向、情感态度和教育教学状况，关注和评价教师主体和学生主体，关注社会和教育的改革与发展。

全书共有七章。第一章引言简要概述教师批评话语在国内外的研究现状，以及本研究的意义和目的等。第二章阐释本研究理论框架，突出系统功能语言学与批评语用学各自的优势及相互之间的互补性，以及两者合力对本研究的必要性和重要性。第三章阐释了问卷调查和语料收集及处理分析，归纳总结列出了10个A与C类词语对照表，为后面章节进行功能-语用分析提供翔实的数据和文字资料，为构建积极批评话语模式作强有力的支撑。第四章对A类教师批评话语和C类学生修改的批评话语进行功能分析与比较：首先，在概念功能部分，重点研究语场和及物性的三个过程：物质、心理和关系过程，从而透视语言背后所隐藏的态度、价值观念和意识形态等方面意义，揭示教学、教育等社会问题。其次，注重研究教师批评话语中体现人际意义的评价资源。重点分析显性或隐性、积极或消极、主观或客观情感，判定或鉴赏在两类不同批评话语中的趋势。分析研究情态、语气、评价词汇的级差，区别它们对实现人际意义所发挥的不同功能。最后，观察批评话语构篇中衔接词，以及主位和述位的不同选择如何凸显、强调或弱化话语信息。基于第四章语篇分析发现的批评话语特点，第五章把它们简单划分为直言、反语、夸张和低调陈述四种基本语气类型，并对此语言现象进行了批评语用研究分析。语料研究表明，学生较倾向于用低调陈述评价。在第六章中，通过观察比较分析大量基于语料库处理的A与C类的批评话语实例，进行功能-语用分析，比较真实和客观地反映和揭示社会、教育、教学问题。同时，作者采取积极的姿态，提出解决问题的建议和措施：制定“四性”评价原则，并根据评价原则构建教师积极批评话语模式。第七章对研究结果进行了概述，突出了本研究的创新点，论及了理论与实践启示、本研究局限以及后续研究展望。

本研究和现有的教师批评话语研究成果相比，具有以下几个方面的创新点：

1) 本研究采用学生视角，探讨中国的一种教书育人方式，即批评教育方式。通过调查问卷收集学生记忆中最为深刻或影响最大的教师批评话语（A类）和学生改写不当的教师批评话语（C类），使用ICTCLAS12011分词，Wordsmith4.0制作词表，经语料数据统计分析，找出学生最不喜欢的教师批评话语的言语特征和学生所期盼的教师批评话语的言语特征，尤其对一些隐性的批评言语构式（学生极为反感而教师没有意识到）进行了揭示。
2) 融合系统功能语言学和语用学的理论与方法研究教师批评话语。利用系统功能语言学在语篇分析上的优势，对经语料处理的两类批评话语进行概念、人际、语篇功能互文分析，据实客观得出恰当与失当的教师批评话语的典型特征，并探析其折射的问题和引发的思考。利用语用学在探析语言使用者和接受者方面的优势，针对A与C类的言语特征及其出现的一些变异进行批评语用阐释，从而补充和深化教师批评话语研究。以丰富的例证表明批评话语语类因语域不同而有差异，批评者需根据体裁、目的、场合、对象变通选择话语。
3) 基于学生反映出的教师批评话语的问题，制定了“四性”（针对性、导向性、多样性、得体性）评价原则，构建了积极批评话语模式（非人格化方式、辩证方式、修正方式、积极正面方式、委婉低调方式、自省方式和启迪方式），指导人们正确认知、调控、有效运用批评。

今后我们还可在批评话题上做更多研究，比如中西教师批评话语对比研究等等。作者表示教育工作者需要以积极的态度对待各种社会、教育问题，担负起义不容辞的社会教育责任。作者期望人们善于批评、乐意接受批评，借助批评的智慧和力量促进个人和社会的发展与进步。我们应借鉴西方批评文化的长处，革除中国批评文化的弊端，大大弘扬中国批评文化的智慧和宝贵经验。

关键词： 学生视角；教师批评话语；功能–语用研究；积极批评话语模式

Abstract

The book details research into typical Chinese teachers' critical remarks based on the authentic data collected from questionnaires and processed by corpus linguistics. Through this, the study investigates the underlying value orientation, feelings and attitudes of teachers and students, and observes teaching and education, focusing on the evaluation of teachers and students and looking toward the reform and the development of society and education.

The whole book falls into seven chapters. Chapter One introduces the background, significance and purpose of the research. Chapter Two relates the theoretical framework of systemic functional linguistics and critical pragmatics and it rationalizes the necessity and importance of the functional-pragmatic research of Chinese teachers' criticism, by highlighting the respective advantages and complementarities. Chapter Three gives an account of the methodology, questionnaires-making and data-collecting and processing, provides a general, objective and trustworthy picture of the basic investigation and compiles ten different A-C types of comparison tables for later discussion. Chapter Four makes a comparative functional analysis of A-type teachers' critical remarks and C-type critical remarks revised by students according to three meta-functions. In the ideational analysis, the author chooses those aspects related to field and material, mental and relational processes for observation so as to reveal hidden values, attitudes and ideologies and to expose educational and social problems. As to the interpersonal function, the author mainly observes three aspects of appraisal theory, with the special focus on the implicit or explicit, positive or negative affect, subjective or objective affect, judgement and appreciation in two different types of criticism. Moreover, the author explores the graduation in terms of modality, tone and evaluative words and expound how they achieve different interpersonal functions. Through the analysis of the theme system and cohesive devices of textual function, the author presents how to highlight, intensify and soften the information by making different linguistic choices. By discourse analysis, we find that the A-type teachers' criticism carries stronger negative overtones in more direct way whereas the C-type students' revision conveys much more positive overtones in more indirect way. Chapter Five makes a critical pragmatic analysis of direct remarks, irony, overstatement and understatement separately and comparatively, in complement to the previous functional study of similar phenomena like implicit or explicit, positive or negative affect, judgement and appreciation, softener and intensifier, etc. Such four tones are generally regarded as rhetorical devices and studied much from the rhetorical perspective, but in our study they are viewed as pragmatic approaches and explored pragmatically. In general, speech can be simply put into four tones, which are employed in evaluation for expressing opinions, feelings, attitudes and the like. The study of special implicature, illocutionary force, indirect speech acts or pragmatic effects different tones convey is meaningful and useful. Substantial evidence has shown that the majority of students prefer understated criticism. In Chapter Six, the author advocates four principles for evaluation and constructs a model for positive criticism based on analyzing and comparing a large amount of corpus-processed A-C type critical remarks. Chapter Seven comes to a conclusion of the research.

In comparison with other achievements, this research shows its own originalities as follows:

1) The research takes the students' perspectives, not the teachers' perspectives to study the typical Chinese way of education — criticism. The shift in research perspective from teachers to students manifests the respect for the subjectivity of students and the consideration of students' thoughts and needs for humanitarian education. By collecting the most influential and most unforgettable teachers' criticism of students and students' revision of corresponding inappropriate critical remarks and by analyzing the corpus-processed above-mentioned data, the author discovers the linguistic characteristics of teachers' criticism students most

dislike and those they expect and need, and especially reveals some hidden linguistic patterns for criticism which students disgust much but teachers haven't been aware of.

2) By integrating systemic functional linguistics and critical pragmatics, the author makes a relatively in-depth and complete study of teachers' criticism of students from students' perspectives, based on data collection and corpus study. By taking advantage of the Systemic Functional Linguistics in the discourse analysis, the author analyzes the ideational, interpersonal and textual functions of two types of critical remarks, such as the most influential or unforgettable teachers' criticism and students' revised version, through which the author obtains typical characteristics of teachers' criticism and reveals the ideology, attitude, feeling, interpersonal relationship and power status those critical remarks convey, and the problems they reflect and the thoughts they induce. Remarkably, some implicit critical patterns are found and presented. Besides, by taking advantage of pragmatics in exploring users, both speakers and receivers, the author makes a critical pragmatic interpretation of A-C types of criticism, especially of indirect or implicit remarks, so as to reveal their special implicature, illocutionary forces, speech acts or pragmatic effects. It is manifested by substantial evidence that the style of criticism differs with the change in genre and in register. The critic should be flexible in choosing language according to a given genre, purpose, context and audience.

3) The study of teachers' criticism from students' perspectives helps teachers to understand students' feelings, attitudes and points of view better, thus promoting the reform in teaching and education and enhancing the educational qualities. Based on the existing problems in teachers' criticism of students, the author establishes four principles for evaluation, namely, relevance, guidance, variety and appropriateness. The author also proposes a positive model for criticism, like using impersonal, dialectical, corrective, positive, down-toning, reflective and inspiring methods for criticism. It is multifunctional and fairly practical.

However, there is still much left to be done on this topic, for instance, a comparative study of Chinese and Western teachers' criticism of students. The author recommends tapping into the wisdom and precious treasures of the Chinese criticism culture while abandoning its demerits and assimilating the nutriments from the western criticism culture in the future. The author also advocates that we should take a positive attitude towards different kinds of problems and make good use of criticism for personal and social development.

Key words: students' perspective; teachers' criticism; functional-pragmatic study; positive criticism model

目录

第一章 引言

苏霍姆林斯基说："教师语言，是一种什么也代替不了的影响学生心灵的工具。"教师语言具有与其他行业语言明显区别的特殊性，如教师语言的教育性。教师批评话语是教师语言的组成部分，其定义是：教师对学生学习成长过程中出现的问题进行的评说指教。

如今中国独生子女多，他们从小受家庭宠爱，如何批评教育学生已成学校甚至社会的问题。《楚天都市报》曾刊载盛大林的文章《教师批评学生还需"授权"吗？》，惊叹"不知什么时候，教师可不可以批评学生居然成了一个问题，需要最高的教育主管部门郑重授权"。的确，如果对学生只能鼓励、赏识，不能批评，那真是教育的失败、社会的悲哀。

常言道，当局者迷，旁观者清。没有批评的教育是不完整的教育。没有批评就没有进步。有问题不指出，久而久之，贻害无穷；直白表述，有伤对方自尊；旁敲侧击，语气和缓，警醒促动对方，效果更佳。表扬鼓励较为容易，批评更需要策略、技巧和艺术。教师的批评话语研究已越来越受到教育界、学术界、社会诸多方面的关注和重视。

1.1 教师批评话语研究

以往国内大多数研究偏重教师语言艺术，如李如密的《教学艺术论》（1995），田贝贝的博士论文《论高校教师课堂教学的语言艺术》（2007），王丹所著的《教学语言艺术》（1998）；或是注重教师语言语用分析，如刘澍心、缪鑫平的《教师语言的语用学阐释》（2004），梁蕾的硕士论文《汉语评价言语行为及其策略研究》（2007）。这些文章、专著从语用学角度出发，阐释和探讨对教师语言的含义、形式、功能、特征策略具有指导意义的普遍原则问题。批评话语只是他们文章中的一小部分。国内教师批评话语研究大多是针对中小学教师的语言暴力。许多文章主要根据中小学教师实践经验，针对教师语言中存在的问题及影响、对学生的心灵造成的伤害，分析其产生的根源，探讨有关解决的办法，如曹三及的硕士论文《中学教师批评教育口语调查研究》（2007）。大多数研究从教师的角度去探讨教师批评话语，如《教师批评语违反礼貌原则语用失误分析》（刘丽静，2006），《大学教师批评话语应遵循礼貌原则》（杨敏、郭喜清，2012）。另外，有相当的研究是关于教师课堂纠错研究的（如，施光、刘学惠，2008；胡越竹，2009）。有的是从教师与学生对EFL教学中纠错的看法及其在教师实际的课堂纠错行为与效果的关系上进行了研究(如，施光、刘学惠，2008)。有些研究侧重某课程教师话语的研究，其中以英语课程教师话语研究为最多，如陈丽江（2006）的《英语课堂的评价语言与性别差异》一文论述英语课堂中，外语教师应该意识到在性别差异的前提下，合理利用评价语言，以保证课堂互动的有效进行和交际目的的成功。薛娜、王德田（2009）在《大学英语专业教师话语的批评语篇分析》一文中，探讨如何更好地用教师话语引导学生进行交互活动，调动学生积极性，增强大学英语教学的活动性以达到最佳的教学效果。康艳、程晓堂（2011）在《外语教师课堂话语功能新框架》一文中，对外语教师课堂话语的功能进行了重新分类。张心翠（2008）在《从批评话语分析角度看大学英语教师话语权》一文中分析大学英语课堂话语，揭示隐藏在教师话语中的权力关系，提倡教师应该平衡权力使用，从而真正有效地促进语言学习。

通过检索文献发现，自2005年以来，国内研究主要针对在语言教学中教师话语反馈，如张雪梅、戴炜栋（2001) 在《反馈二语习得语言教学》一文中详细阐述了反馈在学习理论及语言学习中的作用，并对如何有效地进行反馈提出了建议和注意事项。孙燕青（2005）在关于第二语言学习中的反馈研究中，阐述了反馈的概念、类型以及反馈在第二语言学习中的角色，并以反馈的时机及对象为视角，从对学习者注意力的引导、学习者认知资源的限制和情感支持等方面分析了有效反馈的特征。

作者查阅了有关课堂教学评价语方面的研究，发现国外有相当多关于课堂教学评价方面的研究文章或专著，但鲜有研究探讨评价语在教书育人方面的功用。国内有关课堂教学评价的研究主要是与某门具体课程相关的研究，如《大学英语互动课堂教师纠错性反馈的研究》（张倩、王健，2011）。纪康丽（2008）的《学生如何看待教师评语》一文虽然是学生视角，但主要探讨分析教师的书面评语对帮助学生修正错误、增强语感、提高写作能力的重要作用。

国外对教师批评话语方面的研究为数不多，因为不同的文化、不同的教育背景，教师批评现象也不像中国这么盛行。如果在学术网络输入“teachers' critical remarks”，或“teachers' criticism of students”，我们难以搜索到这方面的研究资料。相反，关于“teachers' praise”，“teacher talk”，“feedback”和“error correction”的研究资料却相当多。

根据Sinclair & Coulthard（1975）的说法，对于教育语言的研究可追溯到20世纪40年代。但从60年代起，随着系统功能语言学的发展，尤其是语域理论、语类理论的出现，教育语篇的研究不断深入，教育语篇也成为教育语言的重要研究对象（杨信彰，2007）。Christie（2002）把课堂语篇分为两种语域：控制语域（regulative register）和讲授语域（instructional register）。控制语域与课堂行为有关，讲授语域与教学内容有关。Gable等人（2009）对近50篇相关信息文本进行了研究，其中包括实证研究和文献综述。他主要探讨课堂实践的方式（如规则、赞美、忽略及指责）之间的关系和效果。他尤其强调要改变观念、与时俱进，提倡采用因势利导和预先纠正策略。他倡导要遵守具体规则、强化正面教育；用非语言暗示，促使学生遵守行为规则；以恰当的言语行为替代和减少学生的不当行为；对惯常犯错的学生有必要查明原因，并根据不同情况，采取不同的干预措施。他还主张教师应该从被动反应式课堂管理转变为积极主动式课堂管理。

另外，在国外，有关课堂管理、反馈和纠错的研究相当多，具体而细致。如，Graven等人的《以内因为主的反馈和以外因为主的反馈对提升学术自我观的影响之研究》（*Effects of internally focused feedback and attributional feedback on enhancement of academic self-concept*, 1991）；Crosby等人的《使用预先纠错法控制不当学术与社会行为探究》（*Using precorrection to manage inappropriate academic and social behaviors*, 2006）；Gable等人的（*Integrating academic and nonacademic instruction for students with emotional/behavioral disorders*, 2002）；Gable等人的《不同学科教师的赞成语与反对语比较》（*A comparison of teacher approval and disapproval statements across categories of exceptionalities*, 1983）；

Henley的《课堂管理：积极促进法》（*Classroom management: a proactive approach*, 2006）；Kerr等人的《课堂行为问题管理策略论》（*Strategies of managing behavior problems in the classroom*（4th ed.）, 2006）；Crespo的《赞美与改错：见习教师对教师话语实践调查》（*Praising and correcting: prospective teachers investigate their teacherly talk*, 2002）；Burnett的《教师的赞美和反馈与学生课堂环境观》（*Teacher Praise and Feedback and Students' Perceptions of the Classroom Environment*, 2002）。

可以发现，迄今为止，国外学者对教师纠错反馈做了大量的研究，主要研究教师不同的反馈形式如何影响目的语习得，英语教师话语对学习者课堂参与的影响，如何激发学习者的学习积极性有益于二语习得（如Ellis et al, 2006; Lyster & Mori, 2006; McDonough, 2005）。国内有关教师批评话语研究文章也主要与语言学习有关，如纠错与汉语教学或二语习得。

国内外专门研究教师批评话语的专著微乎甚微。采用语料库方法从学生视角来探析教师批评话语的功能-语用研究，几乎罕见。不过，专家学者对教学问题的探讨，以及诸如此类问题的理论与方法的探索研究，对本研究很有启迪借鉴作用。尤其是国外商务领域的人力资源专家Weisinger博士（2000）所著的《批评的力量》一书令人受益匪浅。该书是一部专门论述批评作用的书，虽然理论性并不强，但非常实用。它以丰富翔实的商务职场批评实例，告诉读者如何把批评（不管来自老板、同事、客户或来自部下的）从潜在的危害与阻碍转化为动力和有建设性的、有益的体验。正如该书所言：因为批评带有情感和负面含意，有些人不能接受批评；有些人不善于批评——至少不能以一种积极、激励人的方法批评。但是提出批评和接受批评对于事业和个人成功至关重要。使用不当，批评招致灾祸和损害关系——但若使用得恰到好处，批评是积极变化的强大推力。

毋容置疑，没有任何工作可以免除批评。教学更是不可能免除批评。希腊人过去用*kritikos*表示“能够辨识或判断”。这就是说，批评者应该能够评估一个对象或情景的优点或不足，并作出相应评判。批评的目的就是为了交流、影响和激励（Weisinger, 2000）。

批评是人生不可或缺的教育。Halliday（1998）认为一切教育都是通过语言媒介来进行的。系统功能语言学历来重视对于教育语篇的研究。教师批评话语是教育语篇的一种类型。本书通过研究具有中国特色的教书育人的一种方式——教师批评话语，透视师生的价值取向、情感态度、教与学的状况，关注和评价教师主体和学生主体，关注社会和教育的改革与发展。

国内国外有关反馈研究大多如Nunan（1991）所说那样，研究反馈是为了促进学生的语言习得。而本研究是为了提高学生的综合素质。尤其是本研究从学生视角，通过系统功能语言学方法分析发现学生最不喜欢的教师批评话语的言语特征和学生所期待的教师批评话语的言语特征，继而进行批评语用研究，并构建一个积极的批评话语模式，这无疑有助于提高教学水平，更是有利于提升个人素养、国民素质、推进社会文明。

1.2 研究意义

著名教育家苏霍姆林斯基说："教师批评的教育力量取决于批评的道德性质，取决于批评的分寸和威信。"人际交流、评价语等等，凡是触及问题，只要话语不当就会引起矛盾冲突。冉永平（2010）在其《冲突性话语的语用学研究概述》一文中指出只要冲突得到协调或消解，人际交往就会形成良性互动；同样，交际中的冲突与缓和随说话人的话语和言语行为的选择而相互转化，并影响人际关系和交际效果。

在人际交流中，人们一般避讳直言他人缺陷和问题。但有时不得不谈及问题。我们知道，选择的评价话语不同，语用隐含和语用效果（pragmatic act）就大不一样，人际互动、关系构建、社会效果就截然不同。

通过对国内外相关研究文献探析，笔者发现从学生视角进行教师批评话语的功能–语用研究较少。中国教师批评话语有其自身的文化背景和特色，非常值得探究。一般来说，在教师对学生的批评教育过程中，教师是进行批评教育的主体，占有绝对的话语权，而学生处于弱势，无话语权。从学生视角研究教师批评话语，这显示对教育教学过程中的另一主体——学生主体——的重视。这促使教师从学生角度思考问题，促使教师顾及学生感受，并根据学生需求提供帮助。另外，从学生角度研究反思教师批评话语，这有助于增强师生交流沟通与互动，增进相互了解、理解和支持；促使教师与时俱进，顺应变化，更新教育观念，改变角色，与学生平等对话；促使教师多视角、辩证看待问题，提高人性化教育意识；促使教师尊重学生，重视学生权利，因人施教；更为重要的是，促进师生反思自身的不足和失误，不断学习、进步和完善。

本研究基于学生问卷调查收集的教师批评话语，经语料库方法处理，融合系统功能语言学和语用学理论与方法，对其进行较为深入的研究，以期对教育教学、个人与社会的健康发展产生积极的促进作用。

1.3 研究目的

通过问卷调查大学生对教师批评方式的态度倾向，收集他们从小学到大学亲身经历或听闻的、记忆最深刻、影响最大的教师批评话语，目的之一就是为了从学生视角深入探析中国教师批评话语，研究中国教育教学问题。同时，探究分析学生对待批评的情感、态度、观点，以及由此反映出的其他问题。该研究采用系统功能语言学、评价理论及语用学的理论与方法，从学生视角反思教师批评话语。通过对收集到的两类不同批评话语，即不当的教师批评话语与学生修改后的相对应的批评话语，进行语料处理，观察发现教师不当的批评话语的特点，探讨揭示教师批评话语模式和产生的原因，并提出解决对策。最主要的研究目的是希望通过访谈、调查和平时教学实践，以及根据学生修改教师不得体批评话语的语料研究发现，构建一个学生乐于接受的教师批评话语模式，推广良性的批评文化，促进个人与社会综合素质提升。

1.4 研究问题

教师批评话语与评价有关，它主要是针对学生在学习、成长过程中的言行举止表现的负面评价。因此它的评说方式、内容、语境等因素肯定对学生产生影响。为此，笔者提出了以下几个研究问题：

1) 教师的课堂教学评价语得体与否对学生影响如何？
2) 针对不同方面的问题，学生希望教师采取哪种方式在课堂批评他们：直接、间接、不评说或其他方式？

3) 学生最为印象深刻、影响极大的教师批评话语（可以是不得体的，也可以是得体的批评话语）有哪些典型特征？学生为什么至今难以忘怀？学生修改的不得当的教师批评话语又有哪些典型特征？他们之间的区别说明什么问题？怎样才能达到更好的批评效果？
4) 教师为承担起应尽的教育和社会责任，应构建何种有效批评话语模式？

1.5 研究方法

为了解答研究问题，达到研究目的，有必要采用以下方法：

1) 文献法：通过研读国内外相关语言学理论和研究文献，了解前沿研究动态，弄清教师批评话语研究现状及存在的问题，确定研究切入点和突破口。
2) 定性研究：基于收集的语料，进行对比、分析、讨论、分类、定性。
3) 比较研究法：如对教师批评话语不同表现形式、不同构型、不同语用效果等进行对比分析。
4) 语料数据统计分析法：本研究设计的学生问卷调查有多项变量选择题和三个开放性问答题。针对选项题进行数量统计，定量分析；针对三个开放性问答题中的A类问题，也就是从学生角度回忆所经历或听闻的最为印象深刻的教师批评话语，以及C类问题，即学生修正后的批评话语，把它们提取出来，分别输入excel表格中，制成待分析的文本并使用ICTCLAS12011分词，使用Wordsmith4.0制作词表。然后观察词表，确定频数4以及4以上的词为分析对象，将之分为概念和人际两大类。概念大类中包括与学业相关的概念实词，以及与物质、心理、关系、言语等相关的动词。在人际大类中，选取情态、评价性词汇，以及表示程度与频率的词语。选取关键词，检索该词的词语索引行，观察语境，分析归纳该词的用法规律和特点，并对比A和C同类关键词的不同用法规律与趋势。本研究还根据具体语境细致分析具体文本。

本研究力求语料详实、统计精确、观察仔细、描写充分、解释合理，更科学地对教师批评话语进行研究。

第二章 系统功能语言学与语用学研究框架概述

Halliday 等系统功能语言学家把语言看作是一种社会符号（social semiotic），把语言交际视为社会人（social man）所从事的一种社会行为（social behavior），而语言与社会和人们的思想意识（ideology）之间有着密不可分的联系。语言不仅可以反映社会，反映人们的思想，并且具有相当强的建构能力，可以反过来维持、影响、建构甚至改变社会和人们的思想。系统功能语言学的创立者M. A. K. Halliday近年来更是多次强调，他的语言学是“适用语言学”（appliable linguistics），当初创建系统功能语言学的目的之一就是为解决（潜在的）语言消费者所面临的各种问题提供一个理论。

批评语用学（Critical Pragmatics）（Mey, 1993）是语用学的一个重要分支，是一个新兴研究领域。批评语用学的创始人Jacob Mey（1993）强调从社会的角度去研究语用，即研究语言使用者在社会交往中应如何选择言语，使用语言时可能受到的限制，以及使用语言所产生的认知效果和社会效果。批评语用学就是要考察社会语境中语言使用背后的意识形态、价值取向等问题，弘扬合适的社会语用方式。

可见，系统功能语言学和批评语用学的理论都与社会实践紧密结合，综合借鉴这些理论有助于学生视角的中国教师批评话语研究。正如王德春（1997）指出“现代语言学的理论研究越来越深刻，理论应用越来越广泛。多角度、多层次、全方位地研究语言，成为现代语言学发展的必然趋势”。鉴于教师批评话语涉及方方面面，笔者认为有必要对它进行深入的、多视角、跨语域、跨学科的批评功能–语用研究，顺应当代语言学的发展趋势。

2.1 系统功能语言学发展概述

过去几十年来，Halliday创立的系统功能语言学学派的思想体系和理论体系在全世界产生了重大影响。它在语言本质、语言系统和功能、语篇、语域和语境等方面的研究成果在很多领域得到广泛应用。有些语言学派只注重理论本身的科学性，不注重理论的实用性，而系统功能语言学派既注重理论性，更注重理论的可应用性。可以说，Halliday的语言理论从它诞生之日起，就具有极强的应用价值。这种理论不仅可以帮助人们认识语言的性质、语言的功能以及语言使用的规律，而且能够直接运用于课堂教学、翻译、语言对比分析、语言规划、人工智能等许多非常实用的语言交际行为之中（朱永生、严世清，2001）。

Martin继承了Firth，Hjelmslev和Halliday等人创建的功能主义语言学理论，对系统功能语言学的发展做出了突出的贡献。在过去的30多年里，Martin在语类结构、语篇对抗、个性化、积极话语分析、多模态话语分析等话语语义学的多个研究领域提出了自己的理论和方法，他的评价理论把对人际意义系统的研究向前推进了一大步。近年来，Martin还与社会学和教育学者密切合作，开展了关于教育语篇特征、知识结构的研究（见Christie & Martin, 2007；Freebody et al., 2008）。尤其是他提出的“积极话语分析”（positive discourse analysis）重视鼓舞和激励，与批评话语分析（critical discourse analysis，CDA）形成互补。朱永生（2010）评价说，Martin打破了已有30多年历史的“批评话语分析”（critical discourse analysis）消极揭露社会阴暗面的传统做法，呼吁语言学家们承担起社会责任，以建设性的态度消除不良的社会现象，为创建一个更美好的社会做出语言学家应有的贡献。

事实上，对很多中国学者和英语教师来说，该理论的吸引力之一就在于其适用性。黄国文（2000）在回顾系统功能语言学在中国的发展历程时曾指出，中国的系统功能语言学研究迅猛发展有多方面的原因，其中一个重要因素就是该理论的“实用性和可用性”，因为系统功能学派“注重研究活生生的语言和语言的使用，是非常适合语篇分析的理论”（常晨光、廖海青，2010）。

2.2 Halliday的三大元功能

Halliday的元功能，又称纯理功能，它是系统功能语法的核心思想之一。语言具有众多功能，所谓“元功能”，指的是语言功能中最为抽象、最具概括性的那些功能，也就是语言所固有的、最具语言普遍特征的功能。Halliday把元功能分为三种：概念功能、人际功能和语篇功能。三个纯理功能是探讨创造和理解意义的方式的基础，它们各有侧重点，却又互为依托、互为补充，是构建一个整体意义的三个有机部分。在实际使用语言中，这三个特定的功能与特定的措词相匹配，这些特定的措词体现（realize）小句组成成分的三种不同功能。在分析小句时，可以侧重分析三个功能中的任何一种，也可以同时将它们一起分析。但必须记住的是，这三个功能（即三种意义）是相辅相成的，而不是互相矛盾或相互排斥的（Thompson, 2008）。Halliday认为语言是一个庞大而复杂的由许多子系统构成的符号系统（semiotic system），更是一套系统化的意义源泉（resource for meaning）。系统功能语言学家的主要任务就是要客观而全面地描写语言系统的构成和运作，研究人们如何通过“使用语言”（languaging）交换意义。

2.2.1 概念功能

概念功能包括经验功能和逻辑功能。经验功能：人们用语言来谈论对世界的经验及我们的内心世界（如思想、信念、感觉等），用语言来描述周围所发生的事件或情形。逻辑功能：表示小句与小句之间关系的机制，以表示为并列关系或从属关系的形式出现。

概念中的经验纯理功能关注的是信息的命题“内容”，即“谁对谁做了什么”。经验纯理功能主要包括及物性（transitivity）和语态（voice）。由于本书将涉及批评话语的及物性研究，故重点介绍它的及物性。及物性指的是描述整个小句的系统，它的构成要件是过程（process）和参与者（participant），在多数情况下还有环境成分（circumstance）。由于经验功能主要用于描述人类活动和自然界的各种事件，所以根据活动和事件的性质可区分出六种不同的过程类型：物质（material）过程、心理（mental）过程、关系（relational）过程、言语（verbal）过程、行为（behavioral）过程和存在（existential）过程。

1) 物质过程指涉及所做的事和所发生的事的过程。这个过程的参与者之一，即动作的发出者，称为“动作者”（Actor）；过程的另一参与者，即动作的接受者，叫做“目标”（Goal）；描述动作发生的时间、地点和方式等的部分是环境成分。
2) 心理过程指描述内心世界的思想、喜好、欲望和感受等的过程。它通常有两个参与者：“感觉者”（Senser）和“现象”（Phenomenon）。感觉者指发生心理变化的人或动物，现象指存在的人、物、事件和情境。
3) 关系过程指反映事物与事物之间所处的关系的过程。它分为“修辞”（attributive）型和“认同”型两大类。修饰型指一个实体具有的属性或归属关系。认同型关系过程的功能是识别不同实体。
4) 言语过程指通过说话交流信息的过程。过程的参与者分别是“说话人”（Sayer）、“受话人”（Receiver）或“目标”（Target）。“说话内容”指的是传递给受话人的某个信息。
5) 行为过程主要是从语义上进行识别的，它将纯粹的心理过程与这些过程的外部行为标示区分开来。行为过程通常只有一个参与者，即“行为者”（Behaver）。
6) 存在过程表示一个实体的存在，其明显标志是主语由“there”充当。存在过程只有一个参与者，即“存在物”（Existent）。

Thompson（1996）在书中用图表总结了这六个过程的特点以及参加者。请看下面图表：

表 2.1 过程类型、意义及参与者

Process type	Core meaning	Participants
material	doing, happening	actor, goal
mental perception cognition affection	sensing perceiving thinking feeling	senser, phenomenon

（续表）

Process type	Core meaning	Participants
relational: attributive identifying	being: attributing identifying	carrier, atrribute identified, identifier/ value, token
verbal	saying	sayer, receiver, verbiage, target
behavioral	behaving	behaver
existential	existing	existent

及物性系统在体现评价意义尤其是隐性评价意义方面发挥了很大的作用（朱永生，2009）。

2.2.2 人际功能

人际功能（Halliday, 1985, 2004）指的是人们用语言来和其他人交往，建立和保持人际关系，用语言来影响别人的行为，同时用语言来表达对世界的看法甚至改变世界。在功能语言学中，功能就是一种意义潜势，人际功能也是人际意义潜势。人际意义在小句层面主要具有三大资源：语气（mood）、情态（modality）和评价（evaluation）。功能语言学者主张运用语气、情态和评价人际意义三大资源，从词、小句和语篇三个层面探讨人际意义的特征和作用及其体现形式，主张任何意义的研究都离不开语境。

Halliday的功能语言学的目标在于构建一种以语篇分析为目的的语言学，其“社会文化语境→语篇体裁 / 语类→语域→话语语义→词汇语法”语篇模式适合于语言交际性研究。它有助于我们在交际时进行语言选择，而且系统地将这些选择与更广泛的社会文化框架联系起来探讨意义。

语气在功能语法中是体现交换功能的核心，它由主语（Subject）和限定成分（Finite）组成。一个小句中语气之外的其余成分称为剩余成分（Residue）。剩余成分有三种功能成分：谓体（Predicator）、补语（Complement）和状语（Adjunct）。英语中的状语根据其表达的意义的不同分为三类：环境（Environment）状语、连接（Conjunctive）

状语和情态（Modal）状语。其中，环境状语属于经验功能部分，连接状语表达语篇功能，而情态状语则具有人际功能，它还可细分为评论状语（Comment Adjunct）和语气状语（Mood Adjunct）（Thompson, 2008）。

情态是语气中的限定成分，除了表达时态外，还表达情态和归一度（polarity）。从本质上来讲，任何一个限定成分在归一度上要么是肯定，要么是否定。就小句表达的互动功能而言，归一度是意义的基本组成部分，而一般疑问句这个特定的语法结构的主要功能则是确切地传达归一度的信息。此外，归一度还可以通过语气状语（如 “never” 或者 “hardly” 等）来表达。

从结构上看，限定成分在形式上要么是肯定的，要么是否定的；但在语义上，肯定和否定之间还存在一些诸如“或许” “有时” “可能”这样的中间点（intermediate points）。这些中间点由情态表达，因此，情态可简单地定义为介于肯定和否定之间的区域（space）。

如果交换的商品是信息，那么情态从可能性（probability）或者经常性（usuality）角度来看信息的可靠性程度。如果交换的商品是货物和劳务，情态则指说话者对交换的最终成功性的自信程度。不同的情态词具有不同的量值（value），因此所表达的意义也会有差异，它们可以表示不同程度的情态意义（可能性、经常性）和意态意义（义务、意愿）。根据Halliday（2004）的观点，情态量值可分为高、中、低三级，如下所示：

表2.2 情态类型及量值

	可能性	经常性	义务	意愿
高	certain	always	required	determined
中	probable	usually	supposed	keen
低	possible	sometimes	allowed	willing

对于情态意义的体现情况，可以通过情态的取向（orientation）系统来分析。情态取向可分为四种：显性主观（explicit subjective）、显性客观（explicit objective）、隐性主观（implicit subjective）和隐性客观（implicit objective）。如果情态取向不同，那情态的类型就会出现不同

的体现形式，参见下表（Halliday, 2004）：

表 2.3 情态类型及取向

	显性主观	隐性主观	隐性客观	显性客观
情态化；可能性	I think Mary knows.	Mary'll know.	Mary probably knows.	It's likely that Mary knows.
情态化；经常性		Fred'll sit quite Quiet.	Fred usually sits quite quiet.	It's usual for Fred to sit quite quiet.
意态化；义务	I want John to go.	John should go.	John's supposed to go.	It's expected that John that John goes.
意态化；意愿		Jane'll help.	Jane's keen to help.	

2.2.3 语篇功能

语篇功能指的是人们在使用语言组织信息的方式。它表明信息与信息之间的关系，以及信息与人们说话和写作时所处的语境的关系。主位结构（thematic structure）是语篇功能的体现形式之一。主位结构由主位（Theme）和述位（Rheme）构成。主位指小句的第一部分，是信息的起始点。主位之外余下的成分便是述位。主位可分为有标记性（marked）和无标记性（unmarked）主位。当小句的主位同时也是小句的主语时，这样的主位就是无标记性主位；如果主位不是小句的主语，那么该主位就被称为标记性主位。例如：

Last night	the man was helping police enquires.
主位（标记性）	述位

（续表）

The man	was helping police enquiries last night.
主位（无标记性）	述位

（Thompson, 2008）

Halliday和布拉格学派一样，研究主位结构的目的在于探索句子成分所发挥的具体功能。他（1985）认为，主位是信息（message）的起点（point of departure），是小句所关心的成分（the element with which the clause is concerned）。述位是句子的信息中心（information focus），一般位于句末，是句子所表达的最重要的新信息。Halliday区分主位结构和信息结构，是为了区分分析语篇角度的不同，如主位结构的分析侧重从讲话者的角度考虑问题；而信息结构的分析则侧重从受话者的角度考虑问题。

2.3 Martin的评价理论

评价系统（Martin, 1992, 2000; Martin & White, 2005）是系统功能语言学在对人际意义的研究中发展起来的新词汇语法框架，它主要关注用于协调社会关系的语言资源和态度的表达。Martin（2000）把评价系统分为三个次系统：态度（attitude）、介入（engagement）和级差（graduation）。

2.3.1 态度

态度是评价系统的最主要和最核心部分，指人的心理在受到影响之后对行为、过程、文本、现象等表达看法、做出判断和鉴赏等。在评价系统中，态度又被次化为情感（Affect）、判定（Judgment）和鉴赏（Appreciation）三个部分。情感是指人们对行为、文本、过程和现象作出的反应。按其表达方式，可分为品质情感（Affect as “quality”）、过程情感（Affect as “process”）和评注情感（Affect as “comment”）；按其类型，又可次化为快乐/非快乐（un/happiness）、安全/非安全（in/security）、满意/非满意（dis/satisfaction）、倾向性/非倾向性（dis/inclination）情感等（王振华，2001）。判定是指基于社会评判

（social esteem）和社会约束（social sanction）评价人的行为。其中，前者与行为规范（normality）、才干（capacity）和坚忍性（tenacity）有关，属道德范畴；后者与真实性（veracity）、正当性（propriety）有关，属法律范畴。鉴赏是指从美学角度对文本、过程及现象作出的评价。它与反应（reaction）、构成（composition）和价值（valuation）有关。以上三种态度意义都可以有肯定与否定两种情形，同时又各有程度高低与显性隐性之分（王振华、马玉蕾，2007）。

2.3.2 级差

级差系统贯穿于态度及介入系统，是关于态度的强弱或程度高低的测量与分析，分为语势（Force）和聚焦（Focus）两种。前者是对可分级的态度进行分析，将强度的高低分为强势（raise）和弱势（lower），一般由程度词语（intensifier），如slightly、a bit、somewhat、really、very等实现；后者是对不可分级的态度进行分级，将范畴的典型性与边缘性分为明显（sharpen）和模糊（soften）两种（Martin，2000；王振华，2001）。Martin & White（2005）对情感系统的研究（如《评价的语言——英语中的评价意义》）注重考察情感系统的多方面内容（是积极还是消极、是外在表现还是心理感受、是对特定事物的情绪反应还是一般持续的心理状态、情感的强烈程度和情感类型、意图和反应）。

2.3.3 介入

介入与态度的来源或采用的方式与手法有关。根据是否涉及他人的态度与观点，可分为自言（monogloss）和借言（heterogloss）两种。自言通过单个人的声音实现评价，不具有对话性；借言通过多种声音的投射来实现评价，具有对话性。说话人／作者运用介入手段与听者／读者协商彼此的社会地位，涉及说话人／作者对所写或所讲内容的责任和义务。

下图可以清晰显示Martin & Rose（2003, 2008）的评价理论概貌：

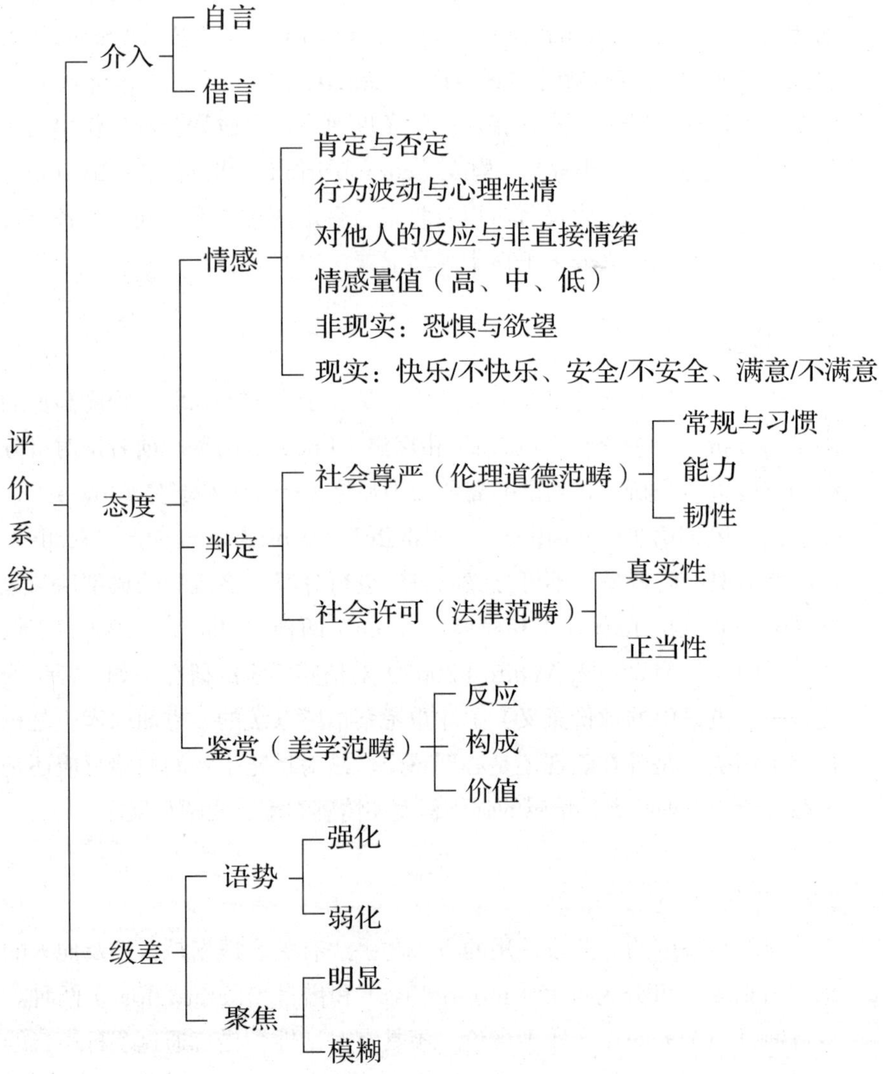

2.4 Halliday与Martin的语域与语类研究

西方的语类研究可以追溯到古希腊时期的柏拉图和亚里士多德。从二十世纪八十年代以来，随着语言学研究逐步由语法研究向语篇研究转移，语言学家、社会语言学家、人类（人种）语言学家、修辞学家、哲学家、以及语言教育学家都开始把注意力转向代表语篇整体的“语类”

（genre）研究上来（张德禄，2002）。语域与语类关系密切。在此介绍Halliday和Martin这方面的研究，旨在借鉴他们的研究，帮助教师更好地了解和理解批评话语这种语类，以便能正确运用，使教师的批评话语得体、入心、见效。

2.4.1 Halliday的语域和语类研究

Halliday和Hasan等功能语言学者（Halliday, et al., 1964; Halliday, 1985; Halliday & Hasan, 1976）一直重视语域的研究和应用。Halliday和Hasan（1976）对语域明确定义："语域是一组意义，是语义模式的组合，这些意义模式通常是根据特定的条件提取的，同时提取的还有用来表达这些意义的词语和结构。" Halliday认为语域是"使用的变异"。社会语境是"语篇展开的所有环境"（Halliday, 1978）。语言的功能与语境紧密联系，语境不同，语言变体也就不同。用语域这一概念来描写语言的功能变体，涵盖了我们全部的语言活动。没有语域，我们就无法识别人类的活动。

Halliday（1985）把语域的三个变项与元功能联系起来，即：概念（ideational）元功能通过社会行为语场（field）实现；人际（interpersonal）元功能由结构作用语旨（tenor）实现；而语篇（textual）元功能由符号组织语式（mode）实现。Halliday认为语域是介于系统和实例之间的一个十分重要的概念。从实例一端看，语域颇像一组相似的语篇或者说是语篇类型。从系统一端看，语域则是整个语言系统的子系统。有了语域这样一个中间概念，语言学家就能建立一个语境变体的模式（朱永生、严世清，2001）。Halliday认为语篇连贯必须满足两个条件：一是上下衔接，二是符合语域的要求。所谓符合语域的要求，就是采用适当的宏观结构即语类结构。

Halliday和Hasan（1989）对主导语类变化的成分进行了研究，提出了语类结构潜势理论，认为语类结构包括必要成分、可选成分和重复成分。语类结构由情景构型（contextual configuration）决定，而情景构型由话语范围、话语基调和话语方式组成。语域不同，语篇的意义则不一样。

2.4.2 Martin的语域与语类研究

Martin基于对自然科学、社会科学、人文科学语篇的深入研究，拓展了语域的研究范围，发展了语类理论。Martin对语场、语旨和语式有着自己的见解，认为语域范畴通过或然和指示这两种方法得到体现，也就是说每个语域的有些语言选择项比其他的更可能出现，而且拥有自己的一小部分语言选择项。Martin把语域看作符号系统，把语境看作一个符号系统和社会过程系统，把语场看作是最重要的语域变量，把语域和语类的关系看作是一种层次间的关系，语域体现语类。Martin & Rose（2003）认为语域能帮助我们概括许多语类中抽象程度的变化。

值得注意的是，在语域和语类的描写方面，Martin的语类概念与Hasan的不同。在Hasan（1985）的语类结构潜势中，每个语类都有自己的结构，由必要成分和任选成分组成。必要成分界定了语篇所属的语类。语类与语场、语旨和语式的选择有着紧密的联系。在Martin（1992）的语类模式中，语类选择构成了位于语域层之上的一个系统。Martin运用元冗余（metarédundancy）的概念，把语域和语类的关系看作是一种层次间的关系，语域体现语类（Martin & Rose, 2003）。语域是语言模式的模式，而语类是语域模式的模式（Martin，1992）。

Martin（1992）认为，语类是文化的组成部分，并提出了“观念形态—语类—语域—词汇语法”的模式，认为语类体现观念形态（ideology），而语类由语域体现。Martin的语类理论是关于语言与社会语境关系的理论。Martin的语境模型和上述Halliday的语境模型略有不同，Martin把社会语境看作一系列的语类。Martin通过对社会语境进行分层（Stratification）来协调一体化（Integration）和功能的多样化（Diversity），即把语场、语旨和语式看成是语类的“表达形式”。Martin（1992）对语境的解释包括两个交际层，即语类和语域，把语域看作语类的表达形式，把语言看作语域的表达形式。语域受语场、语旨和语式的影响，其表达形式反映元功能多样性。语类把语场、语旨和语式产生的意义融合为相关的社会过程。语境包括情景语境和文化语境，与解释语篇的意义有密切的联系。在Martin看来，语类相当于文化语境，语域相当于情景语境。语类会影响语域，但语类没有自己的音系，通过影响语域来创建意义。这种意义创建呈阶段性，具有明显的以目标为导向的阶段结构。Martin简析了语类亲和关系现象，列举了一系列语类的语言特征，从单独的语类到把语类看作一个系统，并比较它们的异同。人们可根据不同的交际目的来选择合适的语类（杨信彰，2010）。

2.4.3 语域与语类研究意义

对于语类结构在整个符号系统所处的位置，Halliday和Martin持有不同的看法。在Halliday（1978, 1985）看来，语类结构是话语方式的一个组成部分，属于情景语境的范畴。而Martin（1992）则认为它是人类的社会行为模式，属于文化语境的范畴。但在语类结构能对语言使用产生制约这一点上，他们的看法则是一致的（朱永生、严世清，2001）。Martin的语类理论进一步提升了Halliday的语境模式，丰富了系统功能语言学的语言观。正如马玉蕾（2010）所说，Martin用层次化的思想把语境层次化，细化了文化语境和情景语境的研究。协调了三种意义资源，即表达现实自然性的概念资源、沟通社会关系的人际资源和管理信息流动的语篇资源；明确了某种特定文化如何将意义潜势归并到复现的语言构型中、如何在每个语类的不同阶段调整意义。

从以上的讨论我们知道语类是通过语域体现、以目标为导向的呈阶段化的社会过程（Martin，1992）。了解语域与语类有利于培养和提高教师和学生的"语篇体裁意识"（genre consciousness）。倘若我们清楚区分和掌握好不同种类的批评（如，社论批评、文学批评、学术批评、教师批评），我们就能达到理想效果和预期目的。

系统功能语言学家关于语域与语类的探讨促使我们注意语言的各种变体（variety）以及这些变体的特点和彼此之间在意义表达上的差异，而且要关注语言为什么会有这样那样的结构，结构的变化除了受语言规则本身的制约外，还有哪些其他因素产生影响，以及如何达到话语的有效性和适合性。

Martin指出人文学科话语在人才培养中的作用，要注意培养学生的话语技术等。基于在澳洲中小学语文教育研究项目，他发现对语类的敏感性是学好写作的重要条件之一。由此我们得到的启示是，如果我们教师清楚不同的语类有不同的作用，用心提高学生的语类意识，尤其当学生出现问题时，我们使用的批评话语得当，这将起到很好的示范作用。

语类研究提示我们在某个特定的文化语境要注意相应的话语范围、话语基调和话语方式的组合。如果我们把语域分析和语类分析很好地结合起来，关注语场与知识构建的联系、语域和语类的联系、语域与词汇语法的联系，尤其注意由于语场的不同而产生的语域特征和语类特征，这将有助于我们今后拓宽和深化不同类型批评话语的研究。

2.5 Mey的批评语用学理论与方法

语用学（Pragmatics）这一概念是美国哲学家Charles William Morris和Rudolf Carnap于1938年在其*Foundation of the Theory of Signs*（Morris, 1938）一书中最先提出的。Morris把研究符号与使用者间的关系的学科叫做语用学。语用学研究真正兴起于20世纪70年代。尤其80年代后，随着众多学者的研究和其他学科的交叉影响，语用学发展更为迅速，研究不断拓展和深入、相互补充和完善。如Leech（1983）的*Principles of Pragmatics*，Sperber & Wilson（1986）的*Relevance: Communication and Cognition*，Mey（1993）的*Pragmatics: An Introduction*，Thomas（1995）的*Meaning in Interaction: An Introduction to Pragmatics*等。这些专著和理论分别从语言语境、修辞、社会、心理、交际、功能、认知、互动、效果多角度探讨言语交际。

语用学研究不同的语言使用者如何在动态的语境中使用语言（包括话语表达和话语理解两个方面）。现有语用学研究考察了语言使用者的社会地位、社会或情感距离、性别、文化背景、知识背景等对语言交际的影响，然而却存在一个明显的不足，就是对语言使用者的价值观念、意识形态等如何在话语中被构建以及它们如何影响话语的表达和理解关注不够。笔者认为，语用学研究不仅需要关注社会文化语境中语言使用带来的主体性、人际性意义，而且需要研究公共领域中话语使用带来的社会意义。作为语用学的一个新兴研究领域，批评语用学（Critical Pragmatics）（Mey，1993）旨在揭示社会语境中语言使用背后的意识形态、价值取向等问题，弘扬合适的社会语用方式，揭示语言使用背后的权力干预、社会偏见、欺诈蒙骗等，填补研究空白（陈新仁，2009）。教师批评话语是一种公共教育领域中的话语使用，有极其重要的社会意义，结合批评语用学理论探讨，无疑有助于丰富学生视角的中国教师批评话语功能研究。

2.5.1 批评语用学及其“批评”内涵、目标和对象

丹麦学者Jacob Mey，*Journal of Pragmatics*的创刊人，是批评语用学的创始人。早在1979年，他用德文写了一篇英文题为“Toward a critical theory of language”的文章。直到1993年，Mey在其出版的著作*Pragmatics: An Introduction*中正式提出批评语用学的概念（Critical Pragmatics）。Mey（1993）强调从社会的角度去研究语用，即研究语言使用者在社会交往中应如何选择言语、使用语言时可能受到的限制以及使用语言所产生的认知效果和社会效果。批评语用学旨在考察社会语境中语言使用背后的意识形态、价值取向等问题，弘扬合适的社会语用方式。

Mey（1993）明确指出批评语用学的“批评”是一种主观性、倾向性语言评论，常用来表示一种对生活现象所持的反思性、观察性态度。诚如陈新仁（2009）所言，批评语用分析首先是一种评论；其次，它试图展现言语交往特别是社会用语中文明的、合理的语用方式，或者揭示言语交际中某种消极或不良的社会观念、做法、说法、等等；最后，通过评论，试图影响人们的行为和思想。

Mey（1979，1993）认为，批评语用学应该将语言使用者（而不是语篇或话语本身）作为“批评”的对象。这样，研究就侧重于从使用者的话语中透析其价值取向、社会情感态度等，或考察使用者如何通过语言使用实现话语控制。

批评语用学关注的话题很多，主要涉及语言使用中的权力操控问题（如医患交际中的提问、打断、话轮控制等，法庭交际中的权力支配等）、广泛社会用语（特别是广告用语）中的欺诈问题、语言使用中的偏见/歧视问题（涉及性别、年龄、职别、阶层、文化、种族、省籍等方面的歧视）等等（陈新仁，2009）。

2.5.2 批评语用学研究方法

批评语用学借鉴的则主要是本领域的一些理论，如言语行为理论、语用预设理论、礼貌理论、语言顺应理论等。批评语用学还可借鉴一切可以用来评论、批评语言使用的理论，包括系统功能语言学（陈新仁，

2009）。但是，我们需要结合动态的语境，从语言使用者的意图等出发，从语言选择的角度考察及物性系统等的选择机制和交际效果。我们也可以从认知语言学研究中吸取理论养分、获取分析工具。譬如，视角理论就可以用来分析话语构建中的视角选择，进而揭示特定身份突显背后的意识形态动因。就研究形式而言，批评语用学可以搞个案研究、定量研究，以及对比分析研究。以言语行为理论为例，该理论强调实施言语行为对交际场合的合适性及言语行为的施动者身份的适当性。当我们考察社会用语时，就可以从这一理论分析其合适性，考察教师是否滥用批评话语。我们也可用语用预设理论来分析研究话语，弥补了功能语言学难以企及的部分。例如：

You have made such a repeated mistake, and I can't forgive you now.

As long as you take a conscientious attitude towards the matter, it might not be any problem to you.

这两句话都是教师对学生而言。然而，从Mey的语用行为（Pragmatic act）理论角度看，这两句话不同，语用隐含不同，语用效果也不同。A为直接陈述句，突显学生的问题（repeated mistake），表明教师的强硬态度，不原谅、不宽容，因而会强化师生对立关系。即使后来学生改正了错误，仍然会记恨教师，与教师有一种距离感和隔阂。相反，B句虽没有直接明说问题，但其实从根本上暗示了学生的问题——不认真。由于表述从积极正面切入，避免直接触及学生短处与忌讳，这样使学生容易接受，乐于主动努力，而不是因教师的胁迫而采取行动，因而能起到更好的教书育人的效果。

2.5.3 批评语用学研究意义

Butler（1989）不无遗憾地指出，尽管系统功能语言学和语用学可以互补，但长期以来两者之间却缺少对话。不过Butler率先垂范，他不仅从理论上极力主张两者彼此沟通、相互取长补短，而且身体力行，从间接言语行为（indirect speech act）的研究入手，运用语用学的理论来解释系统功能语言学不能作出圆满解释的一些语言现象。

胡壮麟在朱永生、严世清的《系统功能语言学多维思考》（2001）

这本书的序言中这样写道：根据系统功能语言学的理论框架，语言是社会人在一定语境下的交际工具，作者在讨论中将视野横向扩展至Grice、Leech、Levinson、Butler、Sacks、Sperber等人的语用学理论，Bernstein, Labov等人的社会语言学理论，以至Lakoff的隐喻观和认知理论，van Dijk的语篇分析理论。这就保证了本项研究的多维性。现代科学表明，学科之间的横向联系和相互借鉴是推动各学科发展的一个重要手段。这在21世纪会显得更为突出。因此，作者（朱永生、严世清）作了很好的开端。

朱永生、严世清（2001）曾专门用一篇章讨论了系统功能语言学与语用学之间的互补性。他们（2001）指出了两者之间可以互补的具体方面。他们（2001）认为，系统功能语言学至少在以下六个方面对语用学理论的丰富能发挥一定的积极作用：语言符号观、系统思想、功能思想、语境思想、语类结构研究以及对指示成分的研究。而语用学可以对系统功能语言学作出的补充产生积极影响的则是在预设（presupposition）、会话含义、话语关联（discourse relevance）和认知语境等方面的研究成果。

不少系统功能学派的语言学家认为，系统功能语言学和语用学可以相互结合、相互补充。Butler认为，语用学有值得系统功能语言学借鉴的地方，系统功能语言学也有值得语用学学习的方面。双方应该开展对话，取长补短，促进这两个学科的结合与发展（胡壮麟等，1989）。张德禄认为，系统语法与语用学之间有许多可以相互参考的理论和研究方法。两种理论可以相互参照，取长补短，可以互补，发挥各自的优势（张德禄，1993）。

胡壮麟教授（2011）为黄国文等主编的《系统功能语言学发展状况》一书写序，且在第十二届全国功能语言学研讨会上做了主题发言。他提出："系统功能语言学与认知、语用、生成语法、心理语言学等其他学科的交叉研究成果较少，这方面的研究还需努力推行。"同样在这个研讨会上，姜望琪教授（2011）作了"Halliday论语篇分析及有关学科"的主题发言。他说："Martin（2009）指出，系统功能语言学语篇研究的长处可能是比较深入的对语类的描写，功能语法，及其多模态适用性……这是一个比较客观的总结，语用学跟语篇分析也关系密切，其作用同样不可小视。"

笔者认为，系统功能语言学与语用学的互补性不可小视。基于语料库融合功能与语用学理论探讨教师批评话语是非常有必要，也是大有可为的。

20世纪60年代以来的西方哲学或多或少都带上了行为论、整体论的色彩（曾文雄，2009）。语用学理论形成与发展也受其很大影响，如Verschueren（1987, 1999）、Mey（1993）等学者坚持倡导语用学研究的综观论。Verschueren（1999）反对从狭义的角度探讨人际互动中的语言意义，主张从认知、社交和文化等视角关注研究语言选择与理解以及人际交往。诚如曾文雄（2009）所说："语用学研究应该是广义与多维的。"

语义学家从不同角度给语用学做了许多种定义，何自然、陈新仁（2004）表示："不同的定义只是反映了研究语用学的不同角度罢了，归根到底语用学是一门研究如何理解和使用语言、如何使语言合适、得体的学问。"钱冠连（2008）认为：语用学，说穿了，就是"社会人文网络言语学"。

语用学通常研究关注社会文化语境中的语言使用，解读话语的主体、人际和社会意义，而批评语用学则主要关注各种社会语用现象，包括积极性和消极性社会语用现象。批评语用学旨在语用学理论框架内，借鉴系统功能语言学等理论与方法，通过话语评论，弘扬正面的社会语用方式，揭示言语交际中某种消极或不良的社会功能、做法、说法等等，最后，通过评论，试图影响人们的行为和思想，对社会公共领域的生态和语用文明建设做出贡献（陈新仁，2009）。

系统功能语言学强调量化的研究，而且它在语篇分析方面占有极大的优势。因此，笔者对从学生那里收集来的A类教师批评话语和C类学生修改后的批评话语进行语料库处理，用系统功能语言学理论三大元功能（概念功能、人际功能和语篇功能）作为工具分析对比，发现学生最不喜欢的教师批评话语表现形式和学生最期望的教师批评话语表现形式，探寻它们所折射的教育问题和值得反思的问题。由于系统功能语言学中的评价理论（Martin, 2005）主要是着重词汇层面上的人际意义研究，而本研究更注重从学生视角综观教师批评话语，因而采用系统功能语言学的三大元功能进行分析，将更有利于全面剖析和诠释问题。正如朱永生（2009）曾说，到目前为止，有关评价理论的论述都是在人际意义的层面上展开的，给人们造成的印象是评价只与人际意义有关。而事实上，评价意义的产生和识别与概念意义也有着紧密的关联。这是因为尽管许多单个的词汇本身就具有评价功能，但讲话者对谁、对什么事情进行评论、所作的评价是否恰当，离不开这个词汇所在小句的语义结构。经由系统功能语言学工具分析得出的学生最不喜欢的教师批评话语的言语特征和他们所期待的教师批评话语的言语特征，笔者发现累积性的显性负面情感、评定和鉴赏相当夸张，而弱化的或隐性的负面情感、评价和鉴赏相当于低调陈述；直言形式的批评表现为一般的显性负面情感、评定和鉴赏，但反讽形式的批评不易只从隐性的负面情感、评定和鉴赏中得到很好解释。况且，在观察分析学生的调查问卷时，笔者发现学生不喜欢教师在批评时，用夸张、讽刺方式，即使他们在有关学习型问题方面选择了直言，但遭遇直截了当的批评时，他们还是倾向于用委婉、低调陈述方式修改教师的批评话语。因此，笔者想凭借系统功能语言学的优势分析教师批评话语的特征，而借助语用学的优势研究使用语言的人。笔者把夸张、低调陈述、反讽、直言置于批评语用学的框架下进一步探析，从而补充、深化研究学生视角的教师批评话语，解释其动因和语用效果，提出有效的课堂教学评价原则和积极的教师批评话语语用策略。因此，批评语用学对研究教师批评话语意义重大。

2.6 小结

本章节概述了系统功能语言学–语用学研究框架，简略地介绍了系统功能语言学的发展史，Halliday的三大元功能（概念功能、人际功能和语篇功能）和Martin的评价理论（态度、级差和介入）。笔者阐释了Halliday与Martin的语域与语类研究，比较他们之间的异同，论述了语域与语类研究的意义；概述了Mey的批评语用学理论与方法，包括批评语用学及其“批评”内涵、目标、对象与研究方法，论述了批评语用学研究的意义，尤其是它与功能语言学研究的互补性。

笔者发现，系统功能语言学家历来注重意义和功能的研究，系统功能语言学与社会实践紧密结合，是一门适用语言学。Mey（1979，1993）认为，批评语用学应该将语言使用者（而不是语篇或话语本身）作为“批评”的对象。这点正好可以与功能语言学研究方法互补。笔者不仅仅是研究教师批评话语，而且要研究批评者和受批评者，从教师与学生的角度进行评析更能揭示问题和解决问题。

许多研究表明，语言内在的多功能性除了与语境层面的语域要素相对应以外，还与语篇体裁的结构相对应；语言的意义和结构密不可分。在系统功能语言学中，语类（genre）被定义为反复出现的意义构型（configuration），这些意义构型作用于某种文化下的社会实践，显然，这将有助于教师批评话语研究的理论发展与实践。

笔者认为，系统功能语言学和语用学互补性有助于研究教师批评话语。系统功能语言学鼻祖Halliday强调适用语言学，Martin倡导积极话语，批评语用学既可用来揭示消极社会语用方式又可弘扬积极社会语用方式。用语用学中早已有的一些理论与原则来补充分析与解释批评话语中存在的现象，使我们更好地认知和改进批评话语，更好地为教学与教育服务。语用学中的礼貌原则、间接言语行为、预设理论等能够促进师生交流顺畅、和谐，从而达到批评目的和取得良好效果。

我们教育工作者需要以积极的态度对待各种社会、教育问题，担负起义不容辞的社会教育责任。Halliday、Martin以及Mey等所做的理论研究给我们的启示是，以系统功能语言学和批评语用学为框架来研究，发现和揭示不当的教师批评话语，更为重要的是发现并构建得体的、具有建设性的教师批评话语模式。

笔者将借助语料库研究方法进行科学量化实证研究，从而加强教师批评话语的功能–语用研究。下一章将讨论教师批评话语问卷调查及其分析研究。

第三章

教师批评话语问卷调查与研究

课堂教学评价语是课堂教学必不可少的一个组成部分。它是课堂教学的调节器，课堂教学评语得当与否往往直接影响和决定教学教育效果（胡丹，2009a）。特别是对学生出现的问题如何评价，不可小觑。

评价既是主体性的又是主体间性的（Hunston, 2011）。Thompson 和 Hunston（2000）认为评价是“正面或负面看法”。Du Bois（2007）把评价语定义为“表示评价行为或表明态度立场的语言”。笔者（2009a）认为课堂教学评价语是教师针对学生参与教学活动所反映出来的思想、情感、态度、语言表达、学习内容、方法或效果与学生进行的即时对话；而教师批评话语是有关学生的问题的评价。

3.1 问卷调查目的、对象、范围

既然评价语是主体间性的，关系教师和学生双方，甚至事关整个教育与社会，为了了解学生对教师评价语、尤其是对教师批评话语的看法，有针对性地提出改进措施，很有必要在学生中调查教师评价语使用情况；即教师批评话语得体与否对学生产生什么样的影响效果。尤其是针对学生出现的不同问题，教师采用何种评价方式（直接、间接、不评说或其他方式），学生倾向如何？另外，学生最难忘的教师批评话语（得体或不得体）具有什么特征？学生期望和需要的教师批评话语是何种类型？

本研究调查对象为来自全国各地的华东交通大学的工、理、文、经、管与外语专业本科生和研究生，随机发放400份调查问卷。

3.2 问卷调查设计内容项目

笔者基于30年的教育、教学与管理实践的经验设计调查问卷。笔者近十年来又有幸担任所在大学的教学督导员，有机会了解不同学科教师的授课情况。在此过程中，笔者发现有些教师比较注重自己教授课程内容，但忽略与学生互动，有时他们甚至对学生的回应都没有任何的反馈，课堂比较沉闷或嘈杂。有些教师专业水平与教学水平相当不错，可是学生给他们的评教结果却非常不理想，其中原因之一就是批评管教学生不得法。

那么学生需不需要教师的课堂评价呢？如果需要的话，教师的（得体或不得体）评价语对他们的影响值得观察。由于本书是有关学生视角的中国教师批评话语研究，必然涉及教师对学生问题的评价。那么针对不同问题，学生到底希望教师采取什么样的评价方式值得思考。为了便于研究，笔者把评价方式大略分为直接、间接、不评说或其他；根据教师通常评价学生时往往会涉及的有关学习或非学习的内容，如学生的思想、情感、态度、学习各方面的状况及表现，笔者确定14个调查项目，并给学生留有余地补充填写其他项目。本研究想通过选择题了解学生对评价的需求，进而了解现在教师批评话语存在的问题，以及学生如何看待和修改这些问题，最后找出对策解决问题。

调查问卷总共三大题，其中有选择题，有开放性问题。第二题中有14个变量；第三大题中有A、B、C三类问题。调查问卷内容如下：

1. 你认为教师的课堂教学评价语是否得体对学生影响________。
   A 很大　　B 大　　C 一般　　D 小　　E 无

2. 教师对学生以下方面的问题在课堂进行批评时，你认为采取哪种方式更为合适？各选一项。

	直接	间接	不评说	其他
思想观念问题				
人生态度问题				
情感问题				
人品、性格问题				
人际关系问题				

（续表）

	直接	间接	不评说	其他
学习方法、策略问题				
学习态度问题				
学习、思辨、创新等水平				
学习、思辨、创新等能力				
表述方式问题				
行为举止问题				
客观问题回答错时				
主观问题回答失当时				
课堂表现问题				
其他				

3. 针对以下三个开放性问题，请你给予尽可能详细的回答！

A. 请你陈述亲身经历或者听闻到的最为印象深刻、影响极大的教师批评话语（可以是不得体的，也可以是得体的批评话语，并请注明事由、场合、时间）。

B. 请解释该批评话语给你留下深刻印象的原因，以及产生的影响或造成的后果。

C. 如果你前面选择了最为印象深刻、影响极大的批评话语是不得体的批评话语，请你给予修正使其变为得体，令人愿意接受。也就是说假如你是这位教师，你会怎么说，从而达到更好的效果？

3.3 问卷调查数据统计与处理方法

笔者对调查问卷数据进行数字统计，对采集的教师批评话语语料及学生修改的批评话语进行文字处理，进行定量与定性分析，并根据部分调查结果，进行访谈。

笔者将调查问卷第二部分学生的主观回答中的教师批评话语，以及学生修正后的话语提取出来输入excel表格中，制成待分析的文本并使用ICTCLAS12011分词，使用Wordsmith4.0制作词表。然后观察词表，确定频数4以及4以上的词为分析对象，将之分为概念、人际、语篇三大类。在概念大类中，选择与学业相关的概念实词，以及与物质、心理、关系、言语等相关的动词。在人际大类中，选取情态、评价性词汇，以及表示程度与频率的词语。在语篇大类中，选取连接词和指代词等。通过选取关键词、检索该词的词语索引行、观察其语境，分析归纳该词的用法规律和特点，并比较分析A与C同类关键词的不同用法规律和趋势。

正如Hunston（2011）所说，考察部分节点词索引行来确定词或短语有何典型用法已成公认接受的方法。语料库提供量化信息，经过加工能概括为语言使用规律。通过语料库方法，能获取科学可信的调查结果。

3.4 问卷调查结果的分析与讨论

本次调查发放问卷400份，收回392份，除去无效卷（有些选项没填或有些写的是教师赞美话语），实际有效答卷为378份。其中，男生171人，女生207人。开朗性格118人，其中男生45人，女生73人；内向性格30人，其中男生14人，女生16人；两者之间230人，其中男生112人，女生118人。经人工统计，数据分析如下：

第1题调查教师的课堂教学评价语是否得体对学生的影响，51.59%的人选择B，30.16%的人选择A。其中开朗性格50.85%的人选B，42.37%的人选择A；内向性格各有36.67%的人选择A和B；双向性格53.91%的人选B，25.65%的人选A。

第1题统计结果如下表和下图所示：

表3.1 教师的课堂教学评价语得体与否对学生影响的统计表

男	女	性格分类	A 很大	百分比（%）	B 大	百分比（%）	C 一般	百分比（%）	D 小	百分比（%）
45	73	开朗	50	42.37	60	50.85	6	5.08	2	1.70
14	16	内向	5	16.66	11	36.67	11	36.67	3	10.00
112	118	双向性格	59	25.65	124	53.91	40	17.39	7	3.05
171	207	小计	114	30.16	195	51.59	57	15.08	12	3.17

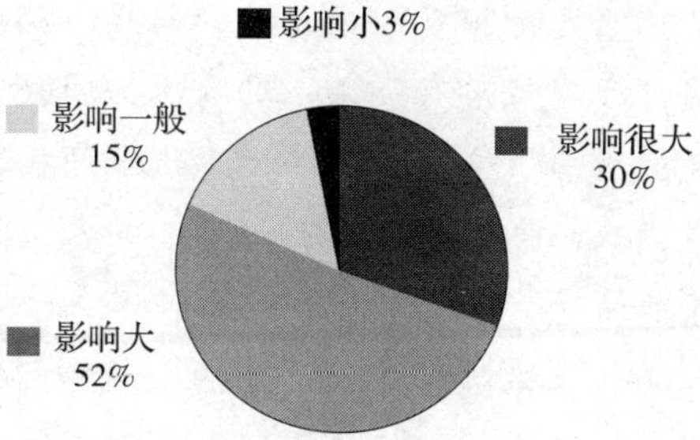

图3.1 教师的课堂教学评价语得体与否对学生影响的统计图

从图表和统计数据可以清晰地看出，学生绝大多数认为教师的批评话语对他们影响大或很大，认为影响小的只有3%，没有影响的为0。值得注意的是最受教师批评话语影响的是性格开朗的学生，双向性格的学生次之，最后是性格内向的学生。而选择受影响最小或一般的性格内向的学生多于双向性格的学生；双向性格的学生又多于性格开朗的学生。调查显示，性格开朗的学生最为在乎教师的评价语，性格内向的学生最难达到评价效果。总体说，教师评价得体与否对任何学生基本都会产生一定影响，而影响大的超过调查人数的一半多，很大的也占30%，共计82%。可见教师评价语，尤其是批评话语的研究意义重大；从批评接受者学生的视角，研究教师批评话语十分必要。

关于第2题调查结果，笔者用人工方式进行数据统计，具体情况如下：

1) 关于思想观念问题，59.26%的人选择间接，28.31%的人选择直接。其中开朗性格有60.17%的人选择间接，29.66%的人选择直接；内向性格有40.00%的人选择直接，36.67%的人选择间接；双向性格的学生有61.74%的人选择间接，26.09%的人选择直接。
2) 关于人生态度问题，47.62%的人选择间接，42.30%的人选择直接。其中开朗性格有49.15%的人选择间接，44.92%的人选择直接；内向性格有46.67%的人选择直接，43.33%的人选间接；双向性格的学生有47.39%的人选择间接，41.30%的人选择直接。

3) 关于情感问题，51.74%的人选择间接，33.92%的人选择不评说；其中开朗性格有58.47%的人选择间接，37.29%的人选择不评说；内向性格有53.34%的人选择间接，33.34%的人选择不评说；双向性格的学生有51.74%的人选择间接，33.92%的人选择不评说。
4) 关于人品、性格问题，59.26%的人选择间接，19.05%的人选择不评说。其中开朗性格有61.86%的人选择间接，19.46%的人选择不评说；内向性格有60.00%的人选择间接，26.69%的人选择直接；双向性格的学生有57.83%的人选择间接，20.43%的人选择不评说。
5) 关于人际关系问题，53.70%的人选择间接，23.81%的人选择直接。其中开朗性格有55.93%的人选择间接，27.97%的人选择直接；内向性格有46.67%的人选择间接，30.00%的人选择直接；双向性格的学生有53.48%的人选择间接，22.61%的人选择不评说。
6) 关于学习方法、策略问题，80.69%的人选择直接，16.40%的人选择间接。其中开朗性格有85.95%的人选择直接，12.71%的人选择直接；内向性格有56.67%的人选择直接，40.00%的人选择间接；双向性格的学生有81.31%的人选择直接，15.21%的人选择间接。
7) 关于学习态度问题，78.57%的人选择直接，19.56%的人选择间接。其中开朗性格有77.12%的人选择直接，22.88%的人选择间接；内向性格有76.67%的人选择直接，20.00%的人选择间接；双向性格的学生有79.57%的人选择直接，18.56%的人选择间接。
8) 关于学习、思辨、创新等水平，46.30%的人选择直接，42.60%的人选择间接。其中开朗性格有50.00%的人选择直接，38.98%的人选择间接；内向性格有40.00%的人选择直接，36.67%的人选择间接；双向性格的学生各有45.22%的人选择直接、间接。
9) 关于学习、思辨、创新等能力，44.71%的人选择直接，43.39%的人选择间接；其中开朗性格有46.61%的人选择直接，42.37%的人选择间接；内向性格有40.00%的人选择间接，36.67%的人选择直接；双向性格的学生有44.78%的人选择直接，44.35%的人选择间接。

10) 关于表达方式问题，47.88%的人选择间接，47.62%的人选择直接；其中开朗性格有53.39%的人选择间接，42.37%的人选择直接；内向性格有66.67%的人选择间接，26.67 %的人选择直接；双向性格的学生有53.04%的人选择直接，42.61 %的人选择间接。

11) 关于行为举止问题，52.12 %的人选择间接，41.80%的人选择直接；其中开朗性格有51.70%的人选择间接，41.52%的人选择直接；内向性格有53.33%的人选择间接，26.67 %的人选择直接；双向性格的学生有52.18%的人选择间接，43.91 %的人选择直接。

12) 关于客观问题回答错时，61.64 %的人选择直接，28.89%的人选择间接；其中开朗性格有61.01%的人选择直接，27.12%的人选择间接；内向性格有60.00%的人选择直接，36.67%的人选择间接；双向性格的学生有62.17%的人选择直接，30.43%的人选择间接。

13) 关于主观问题回答失当时，66.40 %的人选择间接，19.31%的人选择直接；其中开朗性格有61.86%的人选择间接，18.64%的人选择直接；内向性格有70.00%的人选择间接，23.33%的人选择直接；双向性格的学生有68.26%的人选择间接，19.13%的人选择直接。

14) 关于课堂表现，47.09%的人选择直接，42.86%的人选择间接；其中开朗性格有55.08%的人选择直接，36.44%的人选择间接；内向性格有53.33%的人选择间接，36.67%的人选择直接；双向性格的学生有44.78%的人选择间接，44.35%的人选择直接。

15) 关于其他，共有159人填选，18.78%的人选择间接，16.93%的人选择其他，此项参考意义不大。

为更加清晰明了呈现第2大题调查统计数据情况，特以下表和图示展现：

表3.2 学生对于不同问题类型教师采用批评方式的态度倾向统计表

问题类别	男	女	性格分类	直接	百分比（%）	间接	百分比（%）	不评说	百分比（%）	其他	百分比（%）
思想观念问题	45	73	开朗	35	29.66	71	60.17	7	5.93	5	4.24
	14	16	内向	12	40.00	11	36.67	6	20.00	1	3.33
	112	118	双向性格	60	26.09	142	61.74	23	10.00	5	2.17
	171	207	小计	107	28.31	224	59.26	36	9.52	11	2.91
人生态度问题	45	73	开朗	53	44.92	58	49.15	6	5.08	1	0.85
	14	16	内向	14	46.67	13	43.33	2	6.67	1	3.33
	112	118	双向性格	95	41.30	109	47.39	14	6.09	12	5.22
	171	207	小计	162	42.86	180	47.62	22	5.82	14	3.70
情感问题	45	73	开朗	4	3.39	69	58.47	44	37.29	1	0.85
	14	16	内向	2	6.66	16	53.34	10	33.34	2	6.66
	112	118	双向性格	24	10.43	119	51.74	78	33.92	9	3.91
	171	207	小计	30	3.94	204	53.97	132	34.92	12	3.17
人品性格问题	45	73	开朗	17	14.41	73	61.86	23	19.49	5	4.24
	14	16	内向	8	26.66	18	60.00	2	6.67	2	6.67
	112	118	双向性格	35	15.22	133	57.83	47	20.43	15	6.52
	171	207	小计	60	15.87	224	59.26	72	19.05	22	15.82
人际关系问题	45	73	开朗	33	27.97	66	55.93	14	11.86	5	4.24
	14	16	内向	9	30.00	14	46.67	6	20.00	1	3.33
	112	118	双向性格	48	20.87	123	53.48	52	22.61	7	3.04
	171	207	小计	90	23.81	203	53.70	72	19.05	13	3.44
学习方法策略问题	45	73	开朗	101	85.59	15	12.71	1	0.85	1	0.85
	14	16	内向	17	56.67	12	40.00	1	3.33	0	0.00
	112	118	双向性格	187	81.31	35	15.21	6	2.61	2	0.87
	171	207	小计	305	80.69	62	16.40	8	2.12	3	0.79
学习态度问题	45	73	开朗	91	77.12	27	22.88	0	0.00	0	0.00
	14	16	内向	23	76.67	6	20.00	0	0.00	1	3.33
	112	118	双向性格	183	79.57	45	18.56	2	0.87	0	0.00
	171	207	小计	297	78.57	78	20.63	2	0.53	1	0.27
学习思辨创新水平	45	73	开朗	59	50.00	46	38.98	10	8.48	3	2.54
	14	16	内向	12	40.00	11	36.67	6	20.00	1	3.33
	112	118	双向性格	104	45.22	104	45.22	18	7.82	4	1.74
	171	207	小计	175	46.30	161	42.60	34	8.99	8	2.11

（续表）

问题类别	男	女	性格分类	直接	百分比（%）	间接	百分比（%）	不评说	百分比（%）	其他	百分比（%）
学习思辨创新能力	45	73	开朗	55	46.61	50	42.37	9	7.63	4	3.39
	14	16	内向	11	36.67	12	40.00	6	20.00	1	3.33
	112	118	双向性格	103	44.78	102	44.35	21	9.13	4	1.74
	171	207	小计	169	44.71	164	43.39	36	9.52	9	2.38
表述方式问题	45	73	开朗	50	42.37	63	53.39	3	2.54	2	1.70
	14	16	内向	8	26.67	20	66.67	1	3.33	1	3.33
	112	118	双向性格	122	53.04	98	42.61	10	4.35	0	0.00
	171	207	小计	180	47.62	181	47.89	14	3.70	3	0.79
行为举止问题	45	73	开朗	49	41.52	61	51.70	4	3.39	4	3.39
	14	16	内向	8	26.67	16	53.33	4	13.33	2	6.67
	112	118	双向性格	101	43.91	120	52.18	6	2.61	0	0.00
	171	207	小计	158	41.80	197	52.10	14	3.70	9	2.40
客观问题回答错时	45	73	开朗	72	61.01	32	27.12	12	10.17	2	1.70
	14	16	内向	18	60.00	11	36.67	1	3.33	0	0.00
	112	118	双向性格	143	62.17	70	30.43	11	4.79	6	2.61
	171	207	小计	233	61.64	113	29.89	24	6.35	8	2.12
主观问题回答不当	45	73	开朗	22	18.64	73	61.86	19	16.11	4	3.39
	14	16	内向	7	23.33	21	70.00	2	6.67	0	0.00
	112	118	双向性格	44	19.13	157	68.26	20	8.70	9	3.91
	171	207	小计	73	19.31	251	66.40	41	10.85	13	3.44
课堂表现问题	45	73	开朗	65	55.08	43	36.44	7	5.93	3	2.55
	14	16	内向	11	36.67	16	53.33	3	10.00	0	0.00
	112	118	双向性格	102	44.35	103	44.78	15	6.52	10	4.35
	171	207	小计	178	47.09	162	42.86	25	6.61	13	3.44

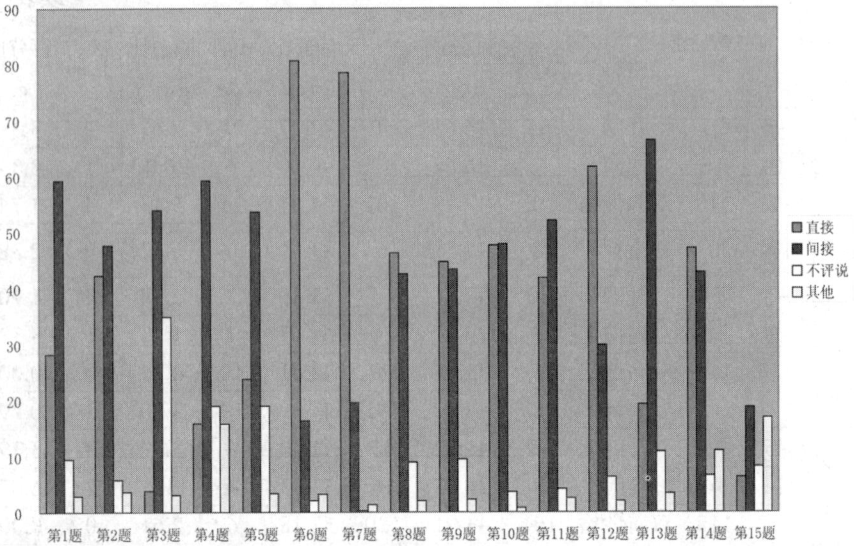

图3.2 学生对于不同问题类型教师采用批评方式的态度倾向统计图

从数据统计以及图表显示，值得参考的14题中，有8题选择间接方式的学生人数超过选直接方式的人数，其中第13题达66.40%、第1和4题都占59.26%、第3题达53.97%、第5题占53.70%、第11题达52.12%；有6题选择直接方式的学生人数超过选间接方式的人数，其中第6题高达80.69%、第7题占78.57%、第12题达61.64%。值得注意的是，这些数据表明学生对主观问题回答不当、思想观念问题、人品性格问题、人际关系问题、行为举止问题、人生态度问题等偏向于教师间接评价，而对学习方法与策略问题、学习态度问题、客观问题回答错时、课堂表现问题偏向于教师直接评价。有些题虽然选择直接方式的多于间接方式，或选择间接方式多于直接方式，但它们所占百分比非常接近，如学习、思辨、创新水平问题，学习、思辨、创新能力问题与表述方式问题。针对这样的调查结果，笔者访谈了一部分学生，他们认为，这可能是部分同学更重视自己的水平和能力提高，因此希望教师直接说出问题，能赶快改进提高；而另部分同学更在意自己的面子，不想教师在众多同学面前直接指出他们的问题，以免有失尊严。

不管如何，调查结果明显地表明，学生对于他们学习方面存在的客观问题，如学习方法与策略问题、学习态度问题，绝大部分同学希望教师直接指出；上述有关学习、思辨和创新水平和能力方面的问题也有45%左右的学生希望教师直接指出；而对于非学习方面的问题，学生更偏向于教师间接指出，尤其是情感问题，甚至有34.92%的学生希望教师不要评说，53.97%的学生倾向于教师间接指出，只有10.43%的学生愿意教师直接指出。

据此可见，笔者认为，学生渴望学业发展进步，教师应给予实在有效的批评指正。对于非学习问题，教师在评价时，特别要尊重学生情感，保护学生尊严，注意对象和注重方式。

对于调查问卷第三题中的B类问题“请解释该批评话语给你留下深刻印象的原因，以及产生的影响或造成的后果”，笔者发现，学生记忆深刻的批评话语绝大多数为不得当的批评话语，而得当的批评话语为数很少。如果是得当的教师批评话语，语气和缓、话语贴切中肯，能启迪、鞭策、激励学生。而不得当的批评话语产生的影响和效果是多重的，不同程度的伤害是必然的。有下面几点特点：

1) 不当的批评，打击了学生自信心，伤害学生的自尊心，使有些学生失去学习兴趣，放弃了学业，甚至改变了性格或命运等等；
2) 不当的批评，令学生难堪、难受、伤心、更紧张、更有压力，让他们反感、讨厌、甚至憎恨教师以及教师的课等等；
3) 失当的批评，激将了学生发奋学习，非要证实自己，让教师不要看扁了自己；
4) 批评过当，但学生积极正面对待，认为教师的动机是好的，教师是在关注和关心他们，促使他们醒悟，他们才能有所改变。

从调查中，笔者还发现学生越敬重的教师给出的不当的批评对学生伤害越大；学生越自认为自己很好，被教师批评最感伤心；不喜欢教师当着全班指名道姓批评；不能接受教师不问青红皂白地批评、全盘否定、讽刺挖苦或言过其实的批评；反感教师批评时对女生的偏见和歧视，但可以接受教师中肯、客观的批评。一些学生认为教师得当的批评能让学生及时认清自己、认清形势，使他们改变了做人、做事的态度，产生积极正面的影响。

对于调查问卷第三题中的A类教师批评话语与C类学生修改后的批评话语，笔者先采用语料库方法进行文字处理，然后根据处理结果，观察统计和分析。A类与C类的功能–语用研究这里暂不涉及，笔者在此主要论及经过语料库方法处理后所归纳的以下10个表格：

1) A类与C类中发生频数大于等于5的概念实词
2) A类与C类心理活动词语使用情况对比表
3) A类与C类否定用语使用情况对比表
4) A类与C类强化和弱化词语使用情况对比表
5) A类与C类情态词语使用情况对比表
6) A类与C类时间词语使用情况对比表
7) A类与C类语气词使用情况对比表
8) A类与C类人称指代词使用情况对比表
9) A类与C类连接词使用情况对比表
10) A类与C类褒义词语使用情况对比表

这些表格中的数据清晰表明现实的教师批评话语存在相当多的问题，与学生所期待的教师批评话语有相当差距。

基于语料库对A类与C类批评话语的研究，笔者切实地感受到把语料库理论与方法用于大量文本处理，使得原本复杂繁琐的研究变得更为简易和科学化。语料库语言学涵盖了大量的技术和方法。用电子形式收集的大量文本资源，任何时候都能接受语料手段处理。这些技术包括：查找一个词，观察其相邻的语境（语境关键词或索引行）；计算相对频率；标注词性；基于这些范畴上的频率计算。不同种类的频率可以在不同的语料库中进行比较，又可观察不同的语域或不同的语言以及语言的历时发展（Hunston, 2011）。例如，根据词表可以知道A类与C类话语中负面词的使用频率情况；只要观察节点词索引行语境，就能判断评价话语究竟是中性、积极或消极意义。再如，可以通过观察节点词索引行例句，发现教师批评话语的不当的话语模式或一些隐性的评价构型。

诚如Hunston（2011）所言，语料库语言学，不仅仅是调查研究现有的语言模式的一种方法。它使用的方法能够用来改变并完善我们对这些模式的理解。语料库语言学有助于不同语域的不同语言特征出现的量化和识别特定话语方式的语言特征（Hunston, 2011）。以往研究者认为累积性和隐性评价使得评价语言似乎更适于基于文本分析而不适于用语料库寻求。但英国著名语料库语言学家Susan Hunston（2011）的*Corpus Approaches to Evaluation: Phraseology and Evaluative Language*告诉我们事实并非如此。笔者的发现也佐证了Hunston的研究。

以往的教师批评话语研究，如前所说，有些是基于教师自己的经验概括总结，或是少量例子的文本分析，难以勾勒教师批评话语的全貌。该调查研究把相当数量的教师批评话语和学生所期望的批评话语基于语料库进行研究，词语索引行提供关于某些词语的大量的实例，方便研究者观察它们彼此之间的相似性，从而辨识语言型式。正如Hunston（2011）所言，衍生于语料库的索引行吸引人们注意节点词周围出现的相似词项，尤其是文本中呈现被选中的和检索的行列。当许多例子呈现在一起时，语言结构／构式或复现形式就会显而易见。语料库研究在调查型式隐性评价意义方面占有优势。笔者的研究发现，话语结构与意义紧密相联，语境影响语义。

通过基于语料库的大量文本考察，笔者发现某些词或短语在特定语境内高频出现的倾向，它们常附带特定的态度意义。某些语言型式不为直觉所察，若在单个文本细读中很难察觉到评价意义，但是置于词语索引行大量相似的语境下观察，就能发现它们带有的评价意义。例如，观察A类教师批评话语中“以为”的词语索引行，发现它虽常与正面评价词汇连用，却带有负面评价含意。

3.5 小结

本章介绍了问卷调查的目的、对象和范围，问卷调查设计内容项目，问卷调查数据统计与处理方法；进行了问卷调查结果分析与讨论。笔者发现中国教师课堂评价语，尤其是教师批评话语存在问题，因此力图从学生角度调查学生对待教师课堂评价语的态度和学生对不同类型问题希望教师采用何种批评方式；探究学生从小到大记忆最为深刻、影响极大的教师批评话语的特点，并探寻学生所期望的教师批评话语的特征，从而提高教育教学效果。

笔者选择的调查对象是华东交通大学学生，由于他们来自全国各地，也是国内教师批评话语的感受者和见证人。从他们那里采集的教师批评语类可谓是中国教师批评话语的一个缩影版。本调查没有按中小学、大学学生严格分段，因为无论学生年纪大小，在国内这个同样的文化环境中，教师批评话语得体或不得体基本上会有相似的语言模式，尤其是学生刻骨铭心的批评话语，能显示出一定的特征。本研究证实了这点。

笔者在调查设计时注意了性别和性格可能带来的差异，略为遗憾的是，统计时只注意了大体的统计性别，忽略了他们在分项选择中的性别及性格差异，在以后的研究中，笔者应该注意改进，力求更具体、细致、准确。

笔者利用语料库研究方法对采集来的教师批评话语进行了处理，并根据语料处理的结果，进行科学分析与归类。笔者归纳了10个A与C类对照表，发现它们非常客观、直观地说明问题，而且为更深入地研究提供令人信服的数据与信息。

Hyland（2009）说："语料库研究调查社群实践，把文本'去资料化／自然化'，而且把它们当作一群人使用的整体的特定的语言特征。它需要有其他方法来平衡，使那些语言特征'再资料化'，从而理解作者如何和为什么在写作时做出这样的选择。"Hunston（2011）也指出语料库研究评价面临的是高缜密的解释力的挑战。邵斌（2011）则明确表示：数据总需要分析，优秀的语料库语言学者同时需要能驾驭定性分析和定量分析。因此，本研究将结合功能–语用研究方法深入探讨学生视角的教师批评话语。下两章将分别采用系统功能语言学和批评语用学理论方法具体讨论A类教师批评话语和C类学生修改后的批评话语，着重对量化的信息进行质性诠释。

第四章 A类与C类教师批评话语的功能研究

系统功能语言学的理论应用于语篇分析具有很强的操作性。Halliday（1973）认为语言不仅能反映人类经验（即概念意义，the ideational meaning），还能反映权力与控制（power and control）等社会关系（即人际意义，the interpersonal meaning）。概念功能、人际功能和语篇功能分别受到话语范围、话语基调和话语方式的制约，又分别通过及物性／语态系统／极性系统、语气系统／情态系统、以及主位系统／信息系统得到体现。

Halliday认为意义不是僵化的成品，而是一种动态的过程，他表示意义应该定义为“创义”（semogenesis，或meaning-creating）。他认为严格地讲，意义从来就不是预先存在的， 而是产生于人与人之间的互动过程之中。因此，教师批评话语在师生互动中产生的意义和作用，不容低估。

本章用Halliday元功能，结合Martin的评价理论对经语料库处理后的A类与C类教师批评话语进行功能研究分析，比较不当的教师批评话语与学生所期待的教师批评话语语言特征，探求原因、阐释意义，为改进教师批评话语寻找突破口，总结可借鉴的经验与教训。

4.1 概念功能分析

以Halliday为代表的系统功能语言学继承了Malinowski和Firth的语境思想，对语境因素的种类及其对语言系统的选择和使用所起到的制约作用进行了深入的研究。他们认为，语境是千变万化的，语境因素是十分复杂的，但这些因素可以大致分为三大类：语场（field of discourse）、语式（mode of discourse）和语旨（tenor of discourse）。语场指的是话题以及与话题有关的活动；语式指的是话语活动所选择的交流渠道，即口头还是书面；语旨指的是讲话者与受话者之间的社会关系以及讲话者的交际目的。这三种因素分别影响语言的概念功能、语篇功能和人际功能。这三种元功能又分别影响讲话者对语言的及物系统（transitivity system）、主位系统（thematic system）和语气系统（mood system）的选择。

用Halliday的话说，意义实际上是一种潜势（potential），可以体现为不同的语言形式；反之，任何语言层面上的选择（包括音位系统、词汇系统和语法系统）在一定的语义组合（semantic configurations）中都是有意义的选择，或者用简单的话说，同一语言形式在不同的语境中可以体现不同的意义。在这些论述的基础上，Halliday提出意义潜势与语言形式之间的体现关系并不是任意的，而是受其他因素如语境或社会关系等影响的（朱永生、严世清，2001）。

4.1.1 语场

语场是语域范畴，词汇项是语言范畴，语场通过词汇项得到体现。Halliday 和Dick van Dijk等人把语言看作是一种社会符号，把语言的使用看作是一种社会行为（朱永生、严世清，2001）。Martin（1986）认为，在使用语言时，不仅要注意情景语境和文化语境的制约，而且要考虑意识形态的影响。我们所说的任何一句话或任何一个词在意识形态上都不可能是完全中立的。Martin认为，语场关注活动系统，包括这些活动所涉及的参加者、过程和环境的描写；而活动之间的相互联系涉及机构对活动的关注。杨信彰（2010）认为语场这一语境变量为我们提供了研究知识结构的社会符号学视角。语场不同，知识结构和经验呈现方式也不同。

经ICTCLAS12011分词，使用Wordsmith4.0制作词表，笔者发现A与C类词的Type / Token数分别都是9与9，这个数据表明教师批评话语和学生修改后的批评话语用语都不丰富，按标准来说都是比较低的。笔者观察A与C类词表频数为4以及4以上的概念实词，发现许多词语与学业相关。在此只列出A与C类中频数为5和5 以上的概念实词，如下表所示：

表4.1 A类与C类中发生频数大于等于5的概念实词

词语	A		C		词语	A		C	
	频率	百分比	频率	百分比		频率	百分比	频率	百分比
考	43	0.25	6	0.04	题目	10	0.06	10	0.06
学习	42	0.24	63	0.41	难			9	0.06
成绩	36	0.21	31	0.20	脑子	10	0.06		
上课	28	0.16	28	0.18	教	9	0.05		
错	23	0.13	14	0.09	作为			8	0.05
大学	20	0.12	5	0.03	进步	4	0.02	8	0.05
学	18	0.10	17	0.11	完成			8	0.05
努力	17	0.10	29	0.19	第一	8	0.05	5	0.03
简单	17	0.10	6	0.04	数学	5	0.03	14	0.09
对	17	0.10	37	0.24	原因			7	0.05
态度	14	0.08	8	0.05	争取			7	0.05
尊重	9	0.05	14	0.09	人生	7	0.04	4	0.03
问题	14	0.08	31	0.20	压力	7	0.04	6	0.04
写	13	0.07	4	0.03	能力	7	0.04	6	0.04
笨	13	0.07			读书	7	0.04		
父母	13	0.07	10	0.06	出息	6	0.03		
作业	12	0.07	8	0.05	工作	6	0.03	5	0.03
分	11	0.06	10	0.06	方法	6	0.03	6	0.04
考上	11	0.06	5	0.03	玩	6	0.03		
考试	10	0.06	13	0.08	失望	6	0.03		
英语	9	0.05			睡觉	6	0.03	4	0.03
讲话	8	0.05	6	0.04	迟到	5	0.03	7	0.05
高考	7	0.04	7	0.05	理想			6	0.04
帮助			6	0.04	混	5	0.03		
纪律			5	0.03	内容			5	0.03

观察上述概念实词，不难发现A与C类话语有相似点和不同点。共同点在于都非常重视考试、成绩、分数；担心考学、升学、工作。这些不仅与学生、教师紧密相关，甚至与父母关系密切，大家都感到压力。这典型地折射出目前社会与教育的状态。不同点可以从缺项或数据差异反映出来，显然A类教师的批评话语更为消极，反映在一些负面词语的使用，如教师批评学生态度、玩、混、上课迟到、睡觉和讲话，做

作业、做题目和写等方面表现不佳。即使“出息”在A类出现6次，但它大多数与否定词连用，还是表达了消极意义。而学生修改的话语更为积极，体现在对学生不良行为他们采用“纪律”表示，而且没有了“失望”，有了“理想”；没有了“笨”“脑子”，突出了“问题”和“难”，关注了“原因”，于是有了“帮助”“争取”和更多的“努力”；有了“作为”“完成”，于是多了“进步”。

上面所示的A与C类语料还反映出一些课程对学生和教师造成的压力易导致批评失当。比如，在A类语料中，“英语”出现9次，这显然表明英语教师相对其他科目的教师批评学生的频率较高。究其原因，这可能是因为英语是全国统考最多的一个科目，对教师和学生都造成压力。另外在A类语料中有5次“数学”和17次“简单”，而在C类中出现了9次“难”和14次“数学”。请注意，在学生修改的语料中，学生特意点出“数学”科目，这表明数学这种基础课对学生来说是一个难坎。因此，教师要清晰地认识到，教师认为简单的，对学生来说并非如此；教师一定要注意正确评价和引导学生。

审视A与C类话语范围，不难看出，话题与内容显得单调；视野不太开阔；在有些方面批评有失偏颇。

“脸面”“脑子”和“吃”对一般人来说是基本生活和生存需要，都很重要，中国人尤其讲脸面，在乎他人如何看待自己的智力和才智。在A与C类话语对比中，笔者发现A类批评话语中，“脸”“脑子”大多与负面词语搭配，话语带有负面含意。使用这样词语显然更强化了批评，突出了对学生智力的质疑或否定，加重了对学生自尊心的伤害。在A类话语中，批评与“吃”挂钩，不仅突出了对学生智力或能力的质疑或否定，而且加强了批评的力度。如：*

相信，说你们笨还不服气。我都不知道你们是吃什么长大的，牛都教了三次会耕

在眼里！给我写份检查，不深刻就别想回家吃饭口语连高中水平都不够，怎么

……眼高手低连这么简单的问题都不会，你以后吃空气呀！

* 注：本书所选语料素材为保证呈现学生语言真实形态，未进行文字加工处理。

作业忘带了！怎么不把**脑子**忘在家了啊！你的思想态度有问题，不端正。

你太懒了，干脆不要上学了！怎么像猪样，**脑子**转不过来啊！就你考这么多分还去参赛，

你**脑子**是不是进水了啊？别人都做对的这么简单的题，

少一个步骤你们就做不下去了。你**脑子**是不是有问题哟！还睡觉！像这么简单的题

你只要稍微用点功就能考过别人，但是**脑子**不用会生锈的，那就白长了。

猪**脑子**离题万里。你虽然做了题目，但做得乱七八糟

就你们三个考试加起来还不到分，还有**脸**逃课？坐下，这不是回答的

出息，你永远就是这个样子.这女孩子怎么这样没**脸**没皮的？从来没有见过你这样

单的试卷，怎么能考这么低，真丢了祖宗十八辈的**脸**了.你哥哥学习那么好，怎么会有

样处事，镇得住谁。不想读书赶紧回家，别丢父母地**脸**××同学，你不要以为自己成绩

相比而言，在C类学生修改的话语中，不再出现以“脸”“脑子”“吃”之类的话语故意加重批评学生。由此可见，学生不喜欢教师以与人休戚相关的事物来否定和羞辱人。

4.1.2 及物性分析

Halliday（1994）把语言的纯理功能分成三种：概念元功能（ideational function）、人际元功能（interpersonal function）、语篇元功能（textual function）。概念元功能又包括经验功能（experiential function）和逻辑功能（logic function）两个部分。及物性是功能语法中实现概念功能特别是经验功能的主要方式。及物性系统的作用是通过对过程、参与者以及环境因素的选择，在语言中再现人们的各种社会经

历和心理经历。它是一种重要的语言分析工具，尤其是对从句子的角度阐释语言特点有很好的效果。

笔者运用Halliday的及物性理论来分析A类与C类批评话语的及物性，试图发现小句过程在这两种话语中不同的分布特点、它们的语言特征、所产生的原因和造成的影响。A类与C类及物性比较有助于了解教师批评话语的内容、性质、状况、效果等，以及它们与学生所期望的批评话语之间的差异。

Halliday将及物性系统分成6种过程：物质过程（material process）、心理过程（mental process）、关系过程（relational process）、行为过程（behavioral process）、言语过程（verbal process）和存在过程（existential process）。及物性（胡壮麟等，2005）是一个语义系统，其作用是把人们在现实世界中的所见所闻、所作所为分成若干种“过程”（process），即将经验通过语法进行范畴化，并指明与各种过程有关的“参与者”（participant）和“环境成分”（circumstantial element）。

A类与C类批评话语语料库研究显示，在6种及物过程类型中，物质过程、关系过程、心理过程出现频率较高。

4.1.2.1 物质过程

物质过程主要是指一个动作者（Actor）对一个目标（Goal）做了什么事（doing），有时也会有场合或时间等。所谓动作者是发出动作的人或物，目标是受到该动作影响的人或物，而场合或时间等情况则属于环境成分。有些物质过程既有动作者又有目标，有些只有动作而没有目标。换言之，物质过程主要表示叙述意义，表示做某事的过程，反映、再现所发生的一切。物质过程在教师的批评话语语体中的主要标志词是：与学业、做人、做事、未来发展有关的实义动词。从物质过程的“做”与“干”组成的小句看，笔者发现A类教师批评话语，大都是教师对学生所做的行为或所干的事表示不满、质疑和否定。教师求全责备，其批评话语显得空洞贫乏无力、不具建设性和指导意义。

在物质过程小句中，许多活动是关于读、学、教、写、考和做的。A类“做”达60次，C类也达59次。A类还有15个“干”，12个“干嘛”，4次“搞”。在此选取“搞”与“怎么”搭配使用的索引行例句，以及“什么”与“做”搭配使用的例子，从中就能窥见A类批评话语的物质性特征。举例如下：

成大事！你**怎么搞的**？笔记都不抄，你这个学习态度怎么行呢？哪像

的表现。你**怎么搞的**？怎么连你都没考上？自己有没有分析原因？今后的

们这个思维**怎么搞的**？咋会想偏离这么远。说你们愚蠢还不相信，说你们

狗一样。你**怎么搞的**？你爸不是语文教师吗，怎么成绩还这么差？……眼高手

迟到是态度问题，态度决定我们的一生。**什么**都不会，你还带坏其他同学。年轻

去。这么简单也不会啊，上课不晓得在做**什么**？上课迟到是态度问题，态度决定

别在这浪费时间。滚出去，这么晚还来上**什么**课啊！不用上了。很聪明，思想很

继续上课。没带本子，你当什么学生，上**什么**课啊！还不如回家去。人生只有一

那才悲哀，我们继续上课。没带本子，你当**什么**学生，上什么课啊！还不如回家去

。你回家没做作业，就是偷懒了，还想留着**什么**时候做呢？你天生就比别人差啊！

着又不得体，脖子上还带饰品等。某某。你**什么**时候能全对？我相信他会交给我的。

抄袭，学习态度这么差，将来一定不会有**什么**出息，做起事情来一定会是马马虎

自己好好想想。我看错你了！以后不管你干**什么**我都不会打你，骂你，你自由了！

闲书了，语文课也很重要。你上课都干了些**什么**，其他人正努力复习，而你闲得无

我觉得才会回答的更好，更流利，所以，做什么事情都要有自信，要知道自信人生

！你们这些孬种，有种做每种承认，你们有什么资格参加高考，你们连做人都不会，

学校，那边的那两个女生的头靠那么近，干什么呀，已经靠了两节课了，要不你们这

在又没有谁会阻止你。你就是来上课，怎么什么也不会？没来上课，就是补考也不会

考上也是撞运气！连这点事办不成，还能干什么，再去买作为一名数学课代表，你居

你领先了。但是下一个转折点呢？你打算用什么态度去面对呢？记住：一时得意并不

们吗？这么简单的数学题你都做不出来，还读什么书啊！小学毕业就回家去买红薯吧。一

，语法错误这么多，用词不当，语序错乱，写的什么乱七八糟的东西，真不知道这人怎么改

啊！这么简单的还不会，下次努力啊！抄这个有什么用，还不如多做写题！这个问题我都讲

就爱斤斤计较这些，真不知道你脑袋瓜里装的是什么？这道题这么简单，班上竟然还有那么

求自己多？不要总给自己找借口！你看你做了写什么?这是课堂不是菜市场，吵死了，平时不

不信，说你们笨还不服气。我都不知道你们是吃什么长大的，牛都教了三次会耕地啊！你们

后会失去很多。别谈太远，高考再这样，那还考什么？你一定考不上大学，说你以后就是

就算了，还要麻烦别人！谢燕茹，你不听课，做什么白日梦呢？你这样子怎么对得起你的父

进了解的谈话，所以你不要有心理负担。你们读什么鬼书，讲了八遍都不懂，读不进你们全都

这些选题你自己都不熟悉还让我提供什么建议！这个学期你一定挂科。你是怎么考

要细致，不要好高骛远。你头那里到底装的是**什么**？真想剖开看看，猪脑都比你聪明。不要

“干嘛”“怎么搞的”和“怎么＋V”（如：-做、-改写、-读、-考进大学的、-转不过弯来）等等，以及以上例句中各种“V＋什么”充分地显示：A类教师批评话语批评空洞无物，没有针对性、指导性；教师只是怪罪指责学生，不是指点学生采取什么具体办法解决实际问题。

再观察一下“做”这个非常典型的、多次反复出现的型式：“这么简单的题目都做不出来？”“你怎么还做错？”“怎么可以做事这么马虎？”“你这样做对得起你父母吗？”“连……都做不好”“做得乱七八糟”“做得很烂”“做白日梦”等。这些搭配表达法显然都是负面评价。它们不仅挫伤学生自尊心和自信心，也有失教师的职业道德和职业水平。

相对A类批评话语而言，C类学生修改的话语更显建设性和指导性，其批评内容更为具体些。譬如：

这道题大家做错了是很不应该的，但是既然大家不会，我就把它讲得细点。

由于C类学生修改的话语将在第6章详述，因而在此只是略微提及。

4.1.2.2 心理过程

心理过程表示的是三类非动作过程：“感觉”（perception），“情感”（affection），“认知”（cognition）。参与者为感觉者（Senser）和现象（Phenomenon）。感觉者是用意识去感知或思考的人或事物，现象则是被感知或思考的人或事物（胡壮麟等，2005）。具体如下：

(1) He	saw	the North Star.
Senser	Process: Mental（Perception）	Phenomenon

(2) She	likes	the gift.
Senser	Process: Mental（Reaction）	Phenomenon

(3) I	Know	they don't care.
Senser	Process: Mental Cognition	Phenomenon

笔者把A与C类心理过程小句中的动词列表如下：

表4. 2 A与C类心理活动词语使用情况比较

词语	A		C	
	频率	百分比	频率	百分比
想	36	0.21	26	0.17
知道	29	0.17	14	0.09
看	26	0.15	12	0.08
理解			13	0.08
希望	11	0.06	37	0.24
以为	10	0.06		
相信	10	0.06	29	0.19
觉得	9	0.05	8	0.25
喜欢	5	0.03		
愿意			4	0.03

上表显示“以为”只在A类教师批评话语中出现。通过观察下面所列出的索引行中“以为”的用法，笔者发现，“以为”短语结构含有负面意义，属于心理感觉偏位，即“想错了”，并带有讽刺意味。如：

肯定通宵了.我一直**以为**你是一个坚强的孩子，没想到小小的挫折就打到了你，

遍，你一首五十遍.你**以为**你考第一，你在班里第一，学校第一，你在市里考第一

不起你！有的同学**以为**自己无所不知呢，其实也不过如此.光阴如流水，莫虚

花在背英语上呢！**以为**自己英语还好，是不是？以后上课别看闲书了，语文

怎么还做错了！别**以为**我没看见，你们的一举一动都将影响你的平时成绩.

届你就是自以为是，**以为**自己很了不起是不？华而不实的东西。跟你说了多少

地脸。××同学，你不要**以为**自己成绩好就目中无人，目空一切，你现在成绩好，不代

带到别班场地，还真**以为**自己了不起了，有没有把我放在眼里！给我写份检查，

们都是白眼狼你们**以为**这是菜场，不考甭考。这么简单的题还要问吗？

又如：

你们想不想高考了，不想考大学啦，不**想**读书就给我滚回去。这么简单也

了，你也错了。你们想不想高考了，不**想**考大学啦，不想读书就给我滚回

是个小痞子。我错了，你也错了。你们**想**不想高考了，不想考大学啦，不

的阶段吗？你自己好好想想。如果你们**想**出去散散心和我说，我会允许的

了，步骤全错，答案却对了。你是怎么**想**的。他真的很聪明，是我们班最

人。你上课时注意力要集中，不要胡思乱**想**。你是一个很有上进心，进取心，

你真是猪脑啊，这么简单都不会！想都别**想**。在同一个地方摔到了的人永远

花了。你回家没做作业，就是偷懒了，还**想**留着什么时候做呢？你天生就笨啊，

你勤奋你知不知道，你这个样子根本就别**想**考上！考上也是撞运气！乡巴佬，

考上，我爬给你看！就你这副懒皮子，也**想**考上大学？有多少

人比你勤奋你知

也是父母的压力，教师希望你以后对自己想做的事情三思而后行，好吗？今天

上课不好好听讲，害了自己不说，还让其他想听课的同学无法听讲，简直是害群之

以后想清楚再回答，你的回答思维混乱。

！小小年纪，就不学好，看见人家的东西就想要占为己有，现在是小偷，长大后还不得成强盗啊

死了，平时不好好上课，小混混一样，不想上课就出去。都高三的人了，还

如果你再讲话，那就滚出去!想你这样还想考重点，就连普通高中都没你的

你不想听课就给我出去，不要影响其他同

，害怕证明自己其实没有那么好，如果真的想做好，就应该敢于去证明。这种题

这些同学却从来没有行动过，总是停留在想，我想说其实他们根本就不敢做

玩，你会伤心难过吗？教师不是骂你，只是想对你说，现在你还小，如果就养成

你以为读书真的是为了他们吗？你好好想一想吧！有些人怕家长知道自己在学校

不到。”跟老好人一样处事，镇得住谁。不想读书赶紧回家，别丢父母地脸。××

把我放在眼里！给我写份检查，不深刻就别想回家吃饭。口语连高中水平都不够，

一个很理性的女孩子，你这种人很清楚自己想要什么，也知道怎么才能最好的达

，要务实基础。你头那里到底装的是什么，真想剖开看看，猪脑都比你聪明。不要

不知道像什么样。你要能考上中学，我就把河水喝干

.完全不知道心思放在哪里，连衣服穿的不知道像什么样。你要能考

.不知道之前的成绩是怎么来。完全不知道心思放在哪里，连衣服

不知道你是怎么考出来的？平时不努力，还妄想能考得好，

也不知道好好学，平常就像个哑巴，问也不问。还有什么，

真不知道你们干嘛来上大学。你长猪耳朵丫。你还真是

他们自己知道好好反省一下才是啊！你要合理安排自己的工作，生

要知道自信人生年，会当激流三千里。自信很重要

教师都不知道你说什么作业要写清晰，思维要清楚。你是不是觉得自

我都不知道你们是怎么考上南昌二中的，你们是我带过的学生中最

你知不知道你这个样子根本就别想考上！考上也是撞运气！

你知道吗？你的高三也是父母的高三，你的压力也是父

教师知道你今天很难受，你平时的努力我也看在眼里，可是一次

只知道吃喝拉撒，不是猪是什么！话语：教师知道你今天很难

天天在家不知道干嘛？去补上作业，下次记得做，不做要惩罚.那

你不知道你是即将要高考的学生吗？你打算就这样混过这一年

真不知道这人怎么改卷子的，要我就给分怎么这么没有时间观念

最基本的东西都不知道，自己先打自己几巴掌好了.你的脑袋里是不是全

真不知道你脑袋瓜里装的是什么？这道题这么简单，班上竟然还

我都不知道你们是吃什么长大的，牛都教了三次会耕地啊！你们

我知道有些同学成绩不错，对自己的能力也很自信，心里总是看

！教师知道你学习成绩好，但是你也不能去侮辱成绩比你差的人

你知道什么，什么都不知道

以上A类语料中的“想”与“知道”一系列例子清晰地显示教师批评学生时比较主观臆断和偏激。其实当教师批评学生“不知道、完全不知道、只知道”，质疑学生“是否知道”时，也显示出教师面对学生问题的束手无策，教师自己不也不知道怎么办。

而下列C类学生修改的批评话语中的“愿意”则体现出批评者注重被批评者的意愿和感受，重视对方的主体性，并且批评更具建设性意义。如：

你愿意把你的五彩缤纷的生活押在一次质疑自己

不过，你要是愿意的话，也许别的地方会有卖。我相信，大

那么你愿意让他们在心里讨厌你吗？希望你以后可以改正

你不愿意换座位也可以，你对教师这种无所谓的态度也

又如“理解”在A类话语中缺失，但在C类话语中出现，这表示学生渴望被理解，而教师批评时常常会忽略学生的情感、心理需求。

以后上课可要认真听讲哦！我能理解你们的想法和心情，但学校有学校的规章制度，

望你能抓紧时间，调整心态，不要过多地被家里的事影响到心情，对不对？

我知道现在高三了，很紧张，我也可以理解你的心情，但学习，我们就要摆正心态。认真学习，

。我很理解你们想找工作的心情，但是学习任务还是要完成的。

通过比较心理过程动词量化表，以及观察大量的各种心理过程小句语料，笔者发现，“希望”和“相信”无论在A类 还是在C类都是积

极正面的意义。C类心理过程表现更为积极且注重学生主体意识和意愿，但A类更为消极，即使“喜欢”也是多与否定意义词语搭配连用，表示教师批评时容易显露自己个人主观的喜恶。A类以教师为第一人称“我”做主位感觉者时，大多为主观臆断，或质疑学生对客观世界的感觉、认识和反应。A类教师批评话语中所出现的心理过程突显出教师主观愿望和现实的落差。教师对学生期望过高，而感觉学生实在令人失望，因此难以接受事实，反应强烈，对学生主观做出负面判定和断言。具有讽刺意味的是，当教师批评学生“不知道你们干什么”时，其实同时显示出他们自己也不知道到底如何解决问题是好。

4.1.2.3 关系过程

关系过程主要表示描述意义和状态，它反映事物与事物之间的关系，同时反映某种观点和态度。关系过程在此类语体中常用的标志词有：“是”“有”“包括”（is/are, have/has, include, consist of）等。

关系过程是关于“being”的过程(Halliday，2002)，它描述事物的特性（attributes）和身份（identities），反映事物之间的关系，并且还是人们表达观点和态度的重要手段。由于A与C类节点词“是”的语料分别达到208条和172条，而当中又有些不属于关系过程（如：“是不是”在句子作为加强语或在疑问词语后面接的是其他过程小句），在此笔者就只选取有关A与C类典型关系过程的部分实例如下：

A类节点词“是”有关关系过程的语料举例如下：

用的人。你上课时注意力要集中，不要胡思乱想。你**是**一个很有上进心，进取心的孩子，学

折服，但不知为什么，你的心里似乎找不到集体的位置。你**是**一个比较活泼的小学生，但是你并没

学习？你们太令我失望了，先跟你们打个招呼，物理学**是**一门功课性的学科，要学好不是那么简

而人品不行，自私自利的人再有能力也是废品。说你们四个**是**怎样的好学生，我一点都不信。

只有你自己，成绩、能力差一点的人顶多**是**次品，而人品不行，自私自利的人再

这也是做人的道理，在学校不仅是为了学知识，更重要的是学会做人，人品不好再有文化，也不能

态度这么差，将来一定不会有什么出息，做起事情来一定会是马马虎虎，考大学一定是没有希望。

你这考的是什么样的水平啊，我们平时的训练，你是怎么练出来的，白练了，你再要这么考，

你现在怎么变成这个样子了呢？教室里怎么尽是南瓜啊？今天没有交数学作业的站起

是一个小问题，教师相信你们下次会做得很完美的。你本来是一个好学生，但以你现在的状态，要是能

你知道吗？你的高三也是父母的高三，你的压力也是父母的压力，教师希望你以后对自己

要看你自己的。只要你努力点，还是来得及的，重点高中才是你的目标，我也相信你不会让教师失望的

聪明的，只是你暂时没有好好用心去做，现在呢！你就是一个走错了路的小孩子，教师也只能

指责我的资料说“这都是低挡次的东西，我认为你是个较高水平的人，怎么找这么些低水平

小组的工作没做好。教师一天没有批准你下岗，你就还是班干，就还要把一天的工作做好，你这样

女孩子不要放弃自己的人生，而要拥有自己的梦想，大学是你的起点，只有经过那个阶段你才会飞

，比如你们一起解决教师课后布置的数学难题。你们都是优秀的孩子，相信以后的考试你们会有

那样？你最近是怎么了？从高一我就教你了，你一直是个好孩子，很勤奋，教师一直都很喜欢你

还调皮！听说你就是你们班上学习最好的？就你还是学习最好的，这道题都能做错！你们看，她

己多？不要总给自己找借口！你看你做了写什么?这是课堂不是菜市场，吵死了，平时不好好上课，

你们算出来，少一个步骤你们就做不下去了。你脑子是不是有问题哟！还睡觉！这么简单的

很失望你没有准时来我的课，但我还是很高兴你还是来了，迟到总比不来好

现在成绩好，不代表你以后会出人头地。董春丽，你呀，就是太浮了！你每天不写作业都干嘛去

口语连高中水平都不够，怎么读的大学怎么考成这样，上课是没听懂还是没认真看书，别人没上考

发挥你的聪明，然后下课尽情的说呢？教师真心觉得你是个特别的学生，教师希望你尽可能的

学习不成问题，但是你最大的缺点是太喜欢表达了，这不是坏事，但是你不太注意表达的场合和

要什么，也知道怎么才能最好的达到目的，这种性格对学习是很有帮助的，而且你以前成绩那么好

这几次考试中该同学成绩最差，相当差，非常差。答辩是件很严肃的事，你怎么表现的不严肃

再这样下去也没什么意思。像你这样的学生是不会有出息的。

C类节点词“是”有关关系过程的语料举例如下：

数学多花时间。这题目是有难度的，所以要钻研啊！要去问同学教师。

不断进步的！我们班级是一个整体，作为班级的一份子，每位同学都要

以后上课要专心点，你可是我们班的希望呀！有问题你尽管问，但每一次

我期待你们下一次的表现，你们是我带过的学生中最聪明的一届。嗯，坐下！这

都是有实力的，一次的失败将会是下一次成功最好的铺垫，并希望大家能在失败中

修养。所以，多花时间在学习上不是更好吗？同学，想一想，当你在课堂上讲话睡

其实我看到了，但我没有影响你，这是大一，以后注意一点。还没找到本子的同学速

的事影响到心情，对不对？你的作业是时好时坏，相差那么大，以后要认真一点。

学们玩要注意安全，眼睛对每个人都是很重要，我们要保护自己的眼睛，也要保护

才会活出有意义的人生。当然，身体更好才是最重要的基础。你一定要清楚的认识自己，

因并从失败的地方站起来，不要害怕，勇气是自己给自己的。别人的眼光无则轻重，另外

起我的事？失败没有什么大不了的，重要的是要懂得分析原因并从失败的地方站起来，不

以后的人生还有很长一段路要走，心里要是紧张或是其他什么原因，就来找教师聊聊。

，教师会帮助你的，别憋在心里，就当教师是朋友，聊聊心里话。我知道现在

你最近学习还好吗？是不是压力很大，生活上没什么问题吧

了一惊，值得表扬，只是偶尔会有点小疏忽，要是做事再能更细心一些就好啦！现在你进入

到弄懂为止。这些题做不出来不要紧，慢慢来，你是有潜力的学生，教师相信你一定会做出来，

相信你的实力一定可以把它给拿下，现坐下吧。你是最棒的，全班同学都会相信你会做得很的，但

每天送你上下课，交钱让你读书。完成作业是每个学生都要完成的任务，就好像教师也每天

子不错，只要按部就班，调好心态，真的不是问题的，教师相信你，你也要相信自己啊！你

休息了，身体更重要，成绩有一定的幅度，是很正常的，你以前底子不错，只要按部就班，

无论是什么样的理由，我希望你能明确学习是作为一个学生最大的责任。希望你能在反省后，

前一定要审清题意。同学们这次作业情况不是很理想，虽然有很多题目已经讲过但还是再次犯

行端正。如果不懂，你应该更认真听讲。你是个很聪明的学

生，如果能更努力，以后一定能

可以了。请大家安静，静下心来！刚开始学是很难，自己要多用心，学进去了就不难，也可

应该尊重你自己的意思，不是别人说的就一定是对的，可能你自己的才是真确答案。你应该相

也说明你在领导，组织方面很优秀，但班长是一个班的领头人物，要给全班做好模范带头作用，

你一起想办法的。能赶得上吗？××同学很是活跃，以后在社会上肯定能吃得开，但活跃也得

观察对比与分析以上A与C类语料，不难看出，两者在对待人与事的看法、人与人之间的关系构建等方面存在明显差异。比如说A类对学生有肯定和赞美，但整体趋势多为否定，话语更为直接，语义更消极、语气更重，而且有时将学生一下全盘否定。说事也很空泛笼统，如："你们还是最好的学生？""我说过不知多少遍了，套就是了，这么简单也不会？"C类整体趋势显示为积极向上。通常是整体肯定，细节否定；赞美和肯定学生较多使用最高级，针对问题较多采用"希望""相信""期待"或"下次注意"等替代表示。有时还用"是不是有什么难处?""不知是有……？"等句式使语气和缓。有时指出问题后，还会给出具体建议该如何做。C类话语较为推心置腹，更体贴、体谅学生。C类话语反映出的师生关系为"教师与学生是朋友"，教师的角色是尽力帮助学生知晓什么是重要的。

显然，C类的关系过程表明学生需要和期盼的是令人不失信心、鞭策激励学生奋发向上的教师批评话语。C类的关系过程构建了一个理想的和谐师生关系，构想了一个学生所期待的批评教育方式。而A类教师批评话语中的关系过程呈现的负面状态较多，看法较空泛和消极，师生关系较疏离对立。孰优孰劣一目了然，我们应该知道倡导或摒弃何种批评教育方式。有关句式与评价之间的关系，我国学者刘世铸（2007）在其博士论文中曾经做过专题探讨。他发现，英语中有10个句式可以体现情感意义，有12个句式可以体现判断意义。在这些句式中，绝大多数都是关系过程小句，同时也涉及少数的物质过程小句、行为过程小句和存在过程小句（朱永生, 2009）。

4.2 人际功能分析

语言作为社会人的有意义的活动，是做事的手段，在交际中除传递有关主客观世界中经验之类的信息之外，还反映人与人之间的关系。人们使用语言与别人交往，建立和保持人际关系，用语言来影响别人的行为，表达自己对事物的主观判断或评价，试探或改变别人的看法，等等（胡壮麟等，2005）。这就是语言的人际元功能。人际元功能主要是通过语气系统和情态系统来体现的。因此，在系统功能语言学的人际意义框架中，人际意义可概括为个人的（personal）和互动的（interactive）两个方面。其中，小句中的互动由语气系统来表达，它使小句成为一个交际行为；而说话者个人的判断或态度等主要由情态和评价资源实现（胡壮麟等，2005）。

在20世纪80年代，系统功能语言学者们主要关注的是人际元功能中互动的一面，而有关个人态度和评价意义则被忽视了。从20世纪90年代开始，Martin等人重视对语言评价功能的研究，提出了评价系统理论，进一步发展了系统功能语言学的人际意义框架。Martin & White（2005）把评价系统分为三个次系统：态度、介入和级差。它们又可以次系统化。

Martin & White（2005）的评价理论（appraisal theory）为人们从词汇层分析语篇的评价意义提供了理论依据和具体的操作方法，从而把人际意义的研究从Halliday（1985）注重的语法层扩展到整个词汇语法层。

本章节部分主要采用Martin的评价理论结合运用Halliday的人际功能中的语气系统和情态系统，对比分析A类与C类语料，重点关注教师批评话语中人际意义构建的影响因素。

语气、情态和评价既有联系又相对独立，汉语学者把语气、情态和评价统称为语气，进行综合研究；功能学派主要学者认为人际意义有语气、情态和评价三大资源，采取分离法分别进行研究（李发根，2007）。为了分析和讨论的方便，本研究将评价、情态和语气分开讨论。结合上下文语境，探讨A与C类两种不同话语的评价、情态和语气的体现形式、特征、差异性，并探讨它们不同的人际意义问题。

4.2.1 态度

在评价系统中，态度又被次化为情感（Affect）、判定（Judgment）和鉴赏（Appreciation）三个部分，分别属于心理、伦理和美学范畴。态度是评价理论最主要的系统和核心成分，指人的心理在受到影响之后对行为、过程、文本、现象等作出的判断、看法和鉴赏等等。态度意义有肯定（positive）和否定（negative）之分，并呈现为显性（explicit）和隐性（implicit）两种不同表达方式。显性表达指的是话语中有明确的态度意义表现形式；隐性表达指的是话语中没有明确的态度意义表现形式，需要读者结合上下文从字里行间推断出评价人的态度。在有些情况下，评价人倾向通过隐性表达间接地表示自己的观点和态度。

4.2.1.1 显性与隐性、负面与正面情感

情感是指人们对行为、文本、过程和现象作出的反应。按其表达方式，可分为品质情感（Affect as “quality”）、过程情感（Affect as “process”）和评注情感（Affect as “comment”）；按其类型，又可次化为快乐/非快乐（un/happiness）、安全/非安全（in/security）、满意/非满意（dis/satisfaction）、倾向性/非倾向性（dis/inclination）情感等（王振华，2001）。

情感系统用来表达语言使用者对事件或现象的情感反应，并从情感的角度对其进行评价。情感通常由心理过程（mental process）或修饰性关系过程（attributive relational process）来实现。

譬如以下A类语料中的一些用语（例如：太让我失望、太让我心寒、滚出/回去、我不喜欢）充分显示，有些教师相当不理智，任由自己的好恶情绪驱使摆布，批评辱骂学生，丝毫不顾及学生感受。仔细观察下面例子，便可发现教师的负面情感是采取何种方式发泄出来：

你**太让我失望**了，**太让我心寒**了。如果我没有记错，你一下退后名。不知道之前的成绩是怎么来的

想不想高考了，不想考大学啦，不想读书就给我**滚回去**。这么简单也不会啊，上课不晓得在做什

上课困得话就给我滚回去睡，别在这浪费时间。**滚出去**，这么晚还来上什么课啊！不用上了。

题目要等到岁才会做吗？如果你再讲话，那就**滚出去**!像你这样

还想考重点，就连普通高中都没

真笨，不是学习的料。你不想听课就给我滚出去，不要影响其他同学。外院的学生都是

不长记性呢？做事要有尽早意识，我不喜欢拖拉的人。你曾对教师说，有些只是不明白，

哈。考的还不错，希望下次更好。这么喜欢讲话，有这么多功夫干嘛不花在背英语上呢

直是个好孩子，很勤奋，教师一直都很喜欢你，可是你看看现在，英语成绩退步了很多

的学习不成，但是你最大的缺点是太喜欢表达了，这不是坏事，但是你不太注意表达的

为园点，以利益为半径画一个圆，我不喜欢你们做这种人。作弊不值得，不应该为了考

4.2.1.2 显性与隐性、负面与正面判定

判定系统可分为社会尊严（social esteem）和社会约束（social sanction）。社会尊严与行为规范（normality）、做事才干（capacity）和坚忍不拔（tenacity）有关，属道德范畴；社会约束与是否真实可靠（veracity）、行为是否正当（propriety）有关，属法律范畴。

从下列A类中的一些词语使用情况，笔者发现褒义词“认真”“出息”前，加上否定意义词语结果变成“完全没有认真／再不认真／极不认真／不认真／没有认真”“不会有什么出息／没有出息／没有大出息”。它们和“混文凭”等都是对学生的否定判定。这种结论性的否定评价有伤学生尊严，阻碍学生的健康发展。

教，不会教就别乱教。你能连续几次发言，说明你认真思考了，进步很大嘛。怪了，步骤全错

之类的话，什么绣花枕头一包草。你就是完全没有认真复习，不然你不可能连这都做不来。你

叫你家长来，上课不听讲，调皮捣蛋的学生。再不认真听课，就叫你家长带回家教育去。你爹

进取心的孩子，学习上勤奋刻苦，性格开朗，待人认真，责任

心强，但是你的个性要强，希望

不要再问我了我们班上的某某同学。平时学习就不**认真**，还拖同学后腿，降低班级平均分，就

望的。”你们就是父母花钱圈养在这里的猪，上课不**认真**听讲，只知道吃喝拉撒，不是猪是什

的，和错得一样。为什么没有考好啊？是不是没有**认真**啊？类似这样的话语，虽然教师没有

来了，迟到总比不来好，这是一种态度。上课极不**认真**，心不在学习上，学坏了好多。好好

怎么读的大学怎么考成这样，上课是没听懂还是没**认真**看书，别人没上考场我大概都能知道

天要是治不了你，我就不当教师了！如果继续那样不**认真**读书就连个专科也考不上。白眼狼这

你上学态度有问题其实你学习能力挺不错的，就是不**认真**，不付出精力。努力一点肯定可以取

人都是嫌疑人。你们他妈的就是一群废物。真正有**出息**的人，并不是在每方面都得优的人

干嘛？抄袭，学习态度这么差，将来一定不会有什么**出息**，做起事情来一定会是马马虎虎，考

公室都坐不住了！你来我们班肯定靠倒数第一。没有**出息**，你永远就是这个样子。这女孩子怎

就是个胆小鬼，这点事情都做不好，以后肯定没有大**出息**。脑袋用来干嘛的？是不偷懒不想值

加上教师。你还真没自尊心呐。你这样，永远都没有大**出息**。你说的都是废话，坐下！你这叫顺

……再这样下去也没什么意思。像你这样的学生是不会有**出息**的。该生成绩稳定。（该生已连续多

最好，其它方面过去的就行，现在在大学里，多少人在混文凭，你们身为学生还有这么多人在

的人很多，就业压力很大，要认形势，不要大学四年混个毕业证就回。怎么可能，抄了吧

聊天，你不知道你是即将要高考的学生吗？你打算就这样混过这一年吗？你妈妈还经常向我

这是课堂不是菜市场，吵死了，平时不好好上课，小混混一样，不想上课就出去。

有意思的是，在C类语料中，没有出现“没出息”和“混”这样的负面评判语；“不认真”变为“认真点”“千万认真”“更认真”“以后要认真”，作为要求或建议提出，从而实施了隐性否定评价。

其实在A类或C类语料中，出现的“再……点”“更……”“希望”“相信”“好好”等表达式，都含有对学生在某方面做得不好的隐性判定，但以期望方式提出，更易于学生接受和有利于学生发展。

4.2.1.3 显性与隐性、负面与正面鉴赏

鉴赏系统是对事物、过程和现象等进行评价的意义资源。该系统围绕反应（reaction）、构成（composition）和价值（valuation）三个方面形成。反应描写评价对象在情绪上对读者／听众产生的影响；构成主要评价评价对象的复杂性和细节；价值指用社会标准来看评价对象是否有价值，是否重要。鉴赏是指从美学角度对文本、过程及现象作出的评价。它与反应（reaction）、构成（composition）和价值（valuation）有关。以上三种态度意义都可以有肯定与否定两种情形，同时又各有程度高低与显性隐性之分（王振华、马玉蕾，2007）。在反应子范畴中，评价是人际的，依据评价对象的影响和质量进行，构成评价面向语篇，依据语篇结构的复杂性和细节进行评价。价值评价是社会性的，主要衡量评价对象的社会意义及其重要性。

笔者选择A类中“样子”为例。原本这个词语并无褒贬之意，但在教师的批评话语中，它对学生的人的社会价值进行了隐性否定鉴赏。

天生就比别人差啊！你这个样子一辈子也就这个**样子**。学校英语专业学生口语，听力和非

太多，以后必须要改正。你看看你们现在这个**样子**，疯疯癫癫的，没有一点女孩子的矜

讲话，希望大家互相尊重。你现在怎么变成这个**样子**了呢？教室里怎么尽是南瓜啊？今天

上大学？有多少人比你勤奋你知不知道，你这个**样子**根本就别想考上！考上也是撞运气！

得花枝招展，学习一塌糊涂，打扮了也是一副死**样子**你的脑子还是很聪明的，只是你暂时

就还是班干，就还要把一天的工作做好，你这**样子**撒手不管太不像话了。我平时还那么

绩这么差，还有时间看小报，哪有重点班学生的**样子**和气魄。你昨晚回去肯定没有看书。”

班肯定靠倒数第一。没有出息，你永远就是这个**样子**。这女孩子怎么这样没脸没皮的？

反应是评价对象对于评价者的心理造成的影响以及评价者对这种影响做出的积极的或消极的心理感受。我们有必要把这种鉴别与情感加以区分：鉴别指评价者直接把其心理感受赋予评价对象，把其当作评价对象的一个属性来表述，它的标准有社会性和公认性；情感的发出属于评价者自身的心理体验，缺乏社会性标准。如果自身情感词语的过多使用会影响教师批评话语的客观性、社会性，削弱其说服力。

A类教师批评话语中表示情感的很多，表鉴赏的也较多。鉴赏的内容主要集中在反应的影响上和社会价值上。而在反应的质量以及构成方面的鉴赏不多，这说明就事论事少、客观批评少；这也恰好反映出A类教师批评话语的问题所在：批评不到位、空洞无物。又如：

要和我说后才能走。为什么成绩会变**差**，还有直接问我们上次考得好，是不

做呢？你天生就笨啊，你天生就比别人**差**啊！你这个样子一辈子也就这个样子。

你犯得错误，只有你自己。成绩，能力差一点的人顶多是次品，而人品不行，

你自由了！干嘛？抄袭，学习态度这么差，将来一定不会有什么出息，做起

复习好了，到时候大家考得好，而你考差了，你会像现在这样闲着心吗？自

南昌二中的，你们是我带过的学生中最差的一届你就是自以为是，以为自己

我面子怎么下得了台呢？你们怎么这么差我都不知道你们是怎么考上南昌

一般来说，判断的标准是社会机制化的伦理道德和价值观念，鉴别同样要依据一定的社会标准，因此，教师批评话语具有一定的社会性。但是有时教师情感词语出现较多，结果反映教师个体的心理感受，主观性偏强。语料显示，A类教师批评话语表示态度意义的词语缺乏丰富多样性，这也可以说是难以说服、打动、教育和帮助学生的部分原因。

如果把A与C类的否定用语情况统计观察，就会一目了然：A类教师批评话语充斥着否定意义，如上所分析的那样，有些褒义词在语境中也转变为否定意义。而C类明显减少或再没有出现不该有的负面词语。如下表所示：

表4. 3 A与C类否定词语情况比较

词语	A		C	
	频率	百分比	频率	百分比
不	260	1.49	160	1.03
没	49	0.28	25	0.16
没有	37	0.21	22	0.14
差	23	0.13	6	0.04
不要	21	0.12	14	0.09
错	19	0.11	14	0.09
别	18	0.1	5	0.03

（续表）

词语	A		C	
	频率	百分比	频率	百分比
猪	14	0.08		
笨	13	0.07		
死	10	0.06		
晚	9	0.05		
滚	7	0.04		
白眼狼	7	0.04		
失望	6	0.03	5	0.03
无	6	0.03		
不好	5	0.03		
坏	5	0.03		
混	5	0.03		
放弃	5	0.03	4	0.03
迟到	5	0.03	7	0.05
低	4	0.02		
屎	4	0.02		
懒	4	0.02		
浪费	4	0.02	4	0.03
睡觉	4	0.02	4	0.03

通过对态度三个方面的探讨分析，笔者认为，教师有必要从学生需要的角度采用评价词语手段，并依据公认的社会规范和伦理道德标准对学生进行具有理性、客观和人性化的评价。针对较为重大的、有影响的学生言行举止进行褒贬，评论对错，引导学生的思想、态度，从而唤起学生采取行动，做出改进、改变，从而更好地实现社会教育功能。

4.2.2介入

介入是关于态度的来源或采用的方式与手法，涉及说话者和语篇中各种命题、主张和声音的关系。根据是否涉及他人的态度与观点，可分为自言（monogloss）和借言（heterogloss）两种。自言即为评价性语言不具有对话性，借言则指评价性语言具有对话性。

根据评价理论，人们在交际过程中可利用“介入”手段调整交际双方对命题或提议所承担的责任和义务。在A类的语料中，基本都是教师用自己的话语评说学生，大部分是自言、断言，缺乏对话性；如果借言，也是用来加强自己对学生的否定。如：

> 人品不行，自私自利的人再有能力也是废品。
> 说你们四个是怎样的好学生，我一点都不信。
> 比男孩子还调皮！听说你就是你们班上学习最好的？
> 就你还是学习最好的，这道题都能做错！

4.2.3 级差

级差系统是对态度的强弱或程度高低的测量与分析，分为语势（Force）和聚焦（Focus）两种。前者是对可分级的态度进行分析，将强度的高低分为强势（raise）和弱势（lower），一般由程度词语（intensifier），如slightly，a bit，somewhat，really，very等实现；后者是对不可分级的态度进行分级，按范畴的典型性与边缘性分为明显（sharpen）和模糊（soften）两种（Martin, 2000; 王振华，2001）。

Hunston（2011）认为Martin & White分别处理密度和强度值得商榷。他主张把它们合二为一讨论更佳。基于语料库的研究结果，笔者认为Hunston的论点更符合实际，因此在此不把它们特意分别论述。

按照评价理论的系统分类（Martin, 2000; Martin & White, 2005），语气附加语所表达的人际意义与介入（Engagement）和分级（Gradation）子系统联系密切，分别涉及说话者和语篇中各种命题、主张等的关系以及评价的强度和级差。另外，用来表示强度、程度等的语气附加语（如：simply, merely, really, quite, almost, hardly, totally, entirely, absolutely, purely, slightly, utterly, in fact, sort of, for the most part 等）与分级子系统中的语势和聚焦相关，或增加／减弱态度介入的强度，或突出／模糊态度介入的程度。某些与情态意义有关的语气附加语显然也用来表达与判断子系统中的才能、得体性、正常性、真实性等有关的评价意义。分级系统则是说话者借以对评价强度等进行分级的资源。

A与C类批评话语中有大量表示语势和聚焦的词语，笔者把它们的使用情况列表如下：

表4. 4 A与C类强化词和弱化词语使用情况比较

词语	A		C	
	频率	百分比	频率	百分比
都	97	0.56	34	0.22
还	93	0.53	35	0.23
怎么	77	0.44	11	0.07
这么	63	0.36	10	0.06
很	48	0.27	76	0.49
这样	39	0.22	27	0.17
真	23	0.13	8	0.05
太	21	0.12	12	0.08
再	18	0.1	34	0.22
更	16	0.09	39	0.25
更加			5	0.03
好好	15	0.09	20	0.13
就是	15	0.09	6	0.04
连	15	0.09		
只	14	0.08	4	0.03
才	14	0.08	17	0.11
最	13	0.07	14	0.09
那么	13	0.07	4	0.03
点	12	0.07	27	0.17
一点	10	0.06	15	0.1
又	18	0.05		
一些	3	0.02	9	0.06
些	5	0.03	8	0.05

（续表）

词语	A		C	
	频率	百分比	频率	百分比
永远	7	0.04		
多少	6	0.03		
其实	6	0.03	9	0.06
比较			6	0.04
一起			6	0.04
无	6	0.03		
一直	5	0.03	4	0.03
总	4	0.02		
全	4	0.02		
竟然	4	0.02		
实在			4	0.03
经常	4	0.02		

显而易见，A类话语中的强化词明显多于C类话语，而C类话语明显趋于弱化或者根本没有出现A类一些强化词。即使强化词出现在C类中，如“再／更／更加”比 A类话语中的多，只要观察其用法，就会发现它们不是突显负面内容，而是隐含式批评。这种表达方式注重了从正面强调激励学生，如：“再／更／更加努力点！”下面再举具体实例，以便大家了解得更清楚。

不知道之前的成绩是怎么来。完全不知道心思放在哪里，连衣服穿的不知道像什么样。你要能考

枕头一包草。你就是完全没有认真复习，不然你不可能连这都做不来。你应该在某些方面更用心

废品。说你们四个是怎样的好学生，我一点都不信。连擦黑板都做不好，这是对教师的不尊

，有种做没种承认，你们有什么资格参加高考，你们连做人都不会，出了社会就是败类，社

这个样子根本就别想考上！考上也是撞运气！连这点事办不

成，还能干什么，再去买

信以后的考试你们会有更好的表现。你怎么搞的？怎么连你都没考上？自己有没有分析原因？

你们这几个是来学校干嘛的呀？学了几年的语文，连最基本的东西都不知道，自己先打自己

你再讲话，那就滚出去!像你这样还想考重点，就连普通高中都没你的份。你们这个思维怎

在眼里！给我写份检查，不深刻就别想回家吃饭。口语连高中水平都不够，怎么读的大学怎么考

去吧！以你们这样的状况，连北大的门你都摸不到。连北京都去不了。张三，李四，小明，

别来了，接着出去打篮球去吧！以你们这样的状况，连北大的门你都摸不到。连北京都去不了

你爸不是语文教师吗，怎么成绩还这么差？……眼高手低连这么简单的问题都不会，你以后吃空气

不了你，我就不当教师了！如果继续那样不认真读书就连个专科也考不上。白眼狼这些选题你自

我说你怎么就是转不过弯来不要把别人的微笑当做爱情连丝绸都不知道？你怎么这么笨呢，这么

有你这样的学生，无所事事。你平时聊聊太多了吧，连翻译都像在聊死猪不怕开水烫。？

再坐下听课吧。上课迟到不好哦，晚上要记得早点休息，这样早起就没问题了。既然是你爸教

但是身为教师，我还是希望你能在学校学点东西，就算是为了你的父母你也应该好好学

高考很难过，也会影响一辈子。女孩子应该勤快点，下次注意哦。班委是全班的带头者，所以

说不是骗你们，是真的，我也就是让你们寒假多做点，学习别忘了，我是为你们好。作为学生应

更有节奏感些就更好了！你讲的内容很丰富，但是有点散乱，

没有集中在一个重点上来，如果回去

讲课时，请你安静些，行吗？如果你说话声音能再大点，我想你可以更清晰地传达了！请坐吧，课

选这门课就是要学点东西！每次来上课就认真点！在教师讲课时，请你安静些，行吗？如

都让教师吃了一惊，值得表扬，只是偶尔会有点小疏忽，要是做事再能更细心一些就好啦

尽管上面两组索引行例句没有标注A或C类，但不难判断，以上哪部分语料来源于A类话语，哪部分来自C类话语。毫无疑问，A类话语否定意义更强，强化词大都用来增强否定程度，而C类话语更委婉，弱化负面内容，若有强化词也是用来强化积极意义词语，而不是强化负面意义。显然，这就是学生希望的批评话语。

4.2.4 韵律

系统功能语言学认为，自然语言三种元功能的体现方式不同。受Pike“语言作为粒子、波浪和场”的启示，Halliday（1994）认为，概念意义的实现方式是粒子型（particulate）的，语篇意义的实现方式是格律型（periodic）的，而人际意义的实现方式则具有韵律的（prosodic）特征（参见胡壮麟等，2005）。Pike和Halliday等功能语言学者的研究揭示了人际意义的韵律性实现特征，为人际意义的研究奠定了基础。Martin & White（2005）指出，Halliday有关人际意义实现方式韵律性特征的论述对于评价分析尤其适用。

与概念意义和语篇意义不同，人际意义的实现是韵律性的（prosodic）（Halliday, 1979）。人际意义的表达不局限在小句的某一成分上，而是通过多个不同的结构成分得以体现，具有明显的累积（cumulative）特征。人际意义的实现常常弥漫于整个小句、话轮甚至语篇之中，由语法、词汇、音质、语调等多种资源累积而实现（Halliday, 1994; Halliday & Matthiessen, 1999）。Martin（1992）曾通过下面的例子说明小句中人际意义实现的韵律性特征：

That stupid cretin is really giving me the bloody shits.

在这个小句中，韵律是连续地实现的，利用了所有可以用来表达态

度的资源加强小句的否定评价意义。Thompson（1996）认为，这是一种功能共生（functional symbiosis）现象。因此，在分析人际意义时不应机械地把小句中的成分分割开来进行分析。在人际意义的体现上，形式和意义之间并不存在着一对一的关系，这一点从人际语法隐喻现象中也可以得到验证（常晨光，2009）。

常晨光（2008）认为在具体的词汇和小句层面讨论评价体现的同时，结合语篇体裁分析和语篇的宏观结构模式研究评价意义将是非常有益的。在上文论及级差时，笔者列举的A与C类批评话语显示出一些规律。也就是说，人际意义的表达不局限在小句的某一成分上，而是通过多个不同的结构成分得以体现，具有明显的累积性的（cumulative）特征。人际意义的实现常常弥漫于整个小句、话轮甚至整个语篇之中，由语法、词汇、音质、语调等多种资源累积而实现（Halliday, 1994; Halliday & Matthiessen, 1999）。因此可以说，作为人际意义的一个重要方面，评价意义的实现是韵律性的，具有明显的累积特征。

Hunston（2011）调查了短语在文本中加强评价意义的作用。他把强度（何等强度的评价）和密度/饱和度（何等广度的评价）诠释为"更具评价性"。Hunston（2011）认可Halliday（1979）的说法，认为评价意义是有韵律的。Hunston（2011）使用强度、密度和冗赘（Intensity, density and redundancy）三个概念来表示评价意义，并说明强度和密度/饱和度的概念来自于Martin和White（2005）。

Hunston（2011）用语料库方法研究一些文本后得出结论：每个文本的评价力度是强度和密度的产物。这些又一起共同运作：评价的强度表述方式可能增加评价的文本中的密度，而且通过表述方式的密集度增强评价强度。增加密度的表达方式也可能有某种程度的冗赘。

强度与密度这两个概念的例子一起运作会使评价在文本中更强或更弱。事实上，几乎每一个词都对评价意义作出了贡献（Hunston, 2011）。笔者在涉及级差时举的例子也可以清楚表明：密度增加，评价性或增强或削弱。

Martin & White（2005）将评价意义实现的不同韵律模式分为三种，分别为饱和型韵律（saturating prosody）、加强型韵律（intensifying prosody）和主导型韵律（dominating prosody）。这三种韵律结构也出现在小句和名词词组中。重复出现强化词能逐步增强评价的强度。情态在句中所有可能表达情态意义的地方出现，具有明显的饱和累加的效果。不得体的教师批评话语明显呈现增强型韵律模式和饱和型韵律模式，否定的评价在话语中得到重复和增强。如下列索引行例句所示：

作为一名数学课代表，你居然考这么点分，你让我面子怎么下得了台呢？你们怎么这么差

这次成绩也是有史以来我见过的最低分.这么简单的试卷，怎么能考这么第，真丢了祖宗十八辈的脸

绩最差，相当差，非常差.答辩是件很严肃的事，你怎么表现的不严肃，有没有尊重我们的意

看看你现在，这都什么时候了，别人都在看书，怎么变成这样，成绩最差，

考这么点分，你让我面子怎么下得了台呢？你们怎么这么差我都不知道你们是怎么考上南昌

你们是怎么考上南昌二中的，你们是我带过的学生中最差的一届你就是自以为是，以为自

这么点分，你让我面子怎么下得了台呢？你们怎么这么差我都不知道你们是怎么考上南昌

脑袋瓜里装的是什么？这道题这么简单，班上竟然还有那么几个人做错，请问你们这几个是来

如果我没有记错，你一下退后名.不知道之前的成绩是怎么来的.完全不知道心思放在哪里，连

怎么什么也不会？没来上课，就是补考也不会过。是怎么考进大学的！再吵，你给我出去

其它方面过去的就行，现在在大学里，多少人在混文凭，你们身为学生还有这么多人逃课

自己很了不起是不？华而不实的东西。跟你说了多少遍了，不要再问我了我们班上的某某同学。

爬给你看！就你这副懒皮子，也想考上大学？有多少人比你勤奋你知不知道，你这个样子根本就别想

有什么用，还不如多做写题！这个问题我都讲过多少遍了，英

语怎么这么差！像你这样下去，以后

洒下去吧。你怎么就这么笨呢，这都不会，讲了多少遍了，记不住呀！？

上列的A类教师批评话语中大多含有一系列强化词语，如“怎么”“这么”“那么”“这样”“多少”等加强语。它们清晰地显示语料库研究方法强有力地证实在A类教师批评话语中，评价意义实现的不同韵律模式共同起作用，使其否定评价意义得到明显的累积和加强，因而对学生不可避免地造成伤害。

4.2.5 情态附加语

Halliday（1994）把情态附加语分为两类：语气附加语和评论附加语。语气附加语与语气系统的归一性、情态、事件和语气相关，包括时间、情态和强度3个次范畴，经常出现在谓语的附近，但也可能出现在小句之首、主题主位之前，也可出现在小句之末。

本小节根据Halliday功能语法中对情态附加语的分类，讨论语气和评论两类情态附加语在评价意义、评价取向等方面的异同，并探讨两者的差异在语法和音系层面上的反映。因强度范畴在前面评价级差以及韵律处多有涉及，在此着重论及时间和情态范畴。

作为人际功能成分的情态附加语是说话者插入个人对命题或提议的态度或评价的重要手段之一。概括来说，语气附加语与语气系统建构的意义具有非常密切的关系，如语气、情态、归一性、时间等；评论附加语则表达说话者对某一命题整体的态度、评论或评价，具有劝说、恳求、承认、证实、合意、保留、评价、推测、预测等语义（Halliday, 1994）。

在功能语法中，语气具有明确的语义功能，其中，限定成分的功能主要是限定命题，使其变得可以协商或可以议论。因此，限定成分为议论命题提供说话的时间（主要时态）和说话者的判断（情态）等参考点，将命题与交际中的语境联系起来（Halliday, 1994）。

作为人际意义的一个重要组成部分，情态所表达的则是介于归一性中肯定和否定两极之间的意义。根据言语角色和交换物的不同，情态又有情态化（modalisation）和意态化（modulation）之分。前者指说话者从可能性或经常性的角度对某命题的可靠性的判断，属认知型的。后者则表达说话人对交换最终成功的自信程度，涉及受话者的义务或责任以及说话者的倾向或意愿等，属道义型（Halliday, 1994; Thompson, 1996）。

表4. 5 A类与C类情态词使用情况比较

词语	A		C	
	频率	百分比	频率	百分比
会	66	0.38	83	0.54
要	65	0.37	99	0.64
能	40	0.23	68	0.44
不要	21	0.12	14	0.09
可以	10	0.06	43	0.28
肯定	10	0.06	8	0.05
一定	9	0.05	32	0.21
应该	9	0.05	35	0.23
可能	7	0.04	15	0.10
该	5	0.03	9	0.06
必须	4	0.02		
也许			6	0.04
或许			4	0.03

通过对A与C类语料的情态词使用进行比较，笔者发现A类批评话语强势，而C类话语总体趋势语气和缓。在C类话语中，A类中出现的一些强势用语（如："不要""必须"等）明显减少或消失，而增加了其他情态意义的缓和词语，如"也许"和"或许"。这些表明，缺失了情态意义，或采用高值道义型或认知型的情态意义词语是造成不当的教师批评话语的部分原因。

不过，笔者发现语言语境也非常重要，不可忽视它对语义的影响作用。以高值情态词"肯定"为例：

在A类教师批评话语中，笔者观察发现"肯定"后面聚焦的信息重点绝大多数是消极的一面，仅有个别是正面信息。如：

今天上课睡觉，昨晚肯定玩通宵了。

你昨晚回去肯定没有看书。

你来我们班的肯定倒数第一。

连这点小事都做不好，以后肯定没有大出息。

不改坏毛病，那你以后肯定会被别人所不容。

我看你高考肯定考不好的。

回答不出问题，回去后肯定没做练习。

努力一点，肯定可以取得好成绩。

而在C类批评话语语料中，“肯定”后面聚焦的信息重点大多是积极的一面，即使个别是负面内容，后面紧跟的是建议或解决办法。如：

这题目可以用我上课讲的知识来解答，很简单的，你上课**肯定**没听懂，没理解，现在我再讲一遍，你要认真听

从今天开始，努力学数学，不懂就问，挺聪明的，数学**肯定**学的好！上课也讲过，以后上课要认真听讲。

学会宽容和原谅并接纳别人的缺点，因为我们每个人身上**肯定**也有需要别人宽容和接纳的缺点。

题时认真点，你一定会取的好成绩的。作为班长，你**肯定**是得到了同学和教师认可的，也说明你在各领导，组织

的。能赶得上吗？××同学很是活跃，以后在社会上**肯定**能吃得开，但活跃也得分场合。

这次背得不错，只要注意某某个别地方，下次**肯定**会背的更好。以前挺不错的，现在有点松懈，要继续

讲一讲，争取早点把问题解决，只要你好好听，认真学，**肯定**能做出来，教师相信你。

我再给你辅导，也可以找其他同学帮帮忙，别急，你**肯定**能做好的。只要客观陈述事实就好。

“肯定”在A与C类中的使用不同，显然对学生的评价就不相同。C类话语同时还反映出学生的需求和喜好，即他们不喜欢教师对他们下武断的负面定论；在他们有错时，希望教师关注查找原因，信任他们，给

他们机会改正。

另外，“其实”情态附加语也与使用者的目的、使用的语境等有关。如：“你以为自己无所不知，其实只不过如此。”在A类教师批评话语中多凸显负面而在C类话语中，它强调积极正面的内容，鼓舞士气。

在A与C类话语中都有借助时间表达批评语气。笔者选择“现在”“平时”和“下次”“以后”语料进行对比分析。如下表所示：

表 4. 6 A类与C类时间词语使用情况比较

词语	A		C	
	频率	百分比	频率	百分比
现在	27	0.15	23	0.15
平时	13	0.07		
下次	7	0.04	23	0.15
以后	21	0.12	20	0.13

从A与C类语料的观察和对比，A类“平时”“现在”表示负面意义较多，教师常用它们表示对学生现状和常态的不满；C类中没有出现“平时”，而且“现在”多数与一些让步或转折词语连用，以表示对学生的理解和提醒，如：“毕竟现在你的成绩还有待提高”“我知道现在高三了，很紧张，但是……”“不管你现在懂不懂，但课下要……”“不要看别人现在比你强，而……”A类“下次”与C类“下次”用法相似，表示提醒或希望。不过，A类中的“以后”，有些表示提醒或希望，但多数表示否定意义，如：“这点事都做不好，以后肯定没有大出息。”语料表明，“以后”比“下次”意义更宽泛。“以后”与否定词语一起用，批评语气较重，如：“你要像这样下去，以后就没有希望了。”这等于一下就把学生的未来也否定掉。而学生希望的是，批评归批评，但对他们的未来不能全盘否定。

评论附加语除表达说话者的立场、态度外，有时还对说话者谈话或交流的风格本身做出评论。事实上，评论附加语是表达说话风格最主要的语法手段，这一点已得到语料库研究的证明（Biber et al., 1999）。另外，有些评论附加语也可以表达说话者的情感。

评论附加语除表达说话者的立场、态度外，有时也可以表达说话者的情感。例如：

糟糕透顶，教你们半天怎么还不会。

作为一名数学课代表，你居然考这么点分，你让我面子怎么下得了台？

有趣的是，笔者发现C类出现了11次“没关系”、4次“不要紧”、2次“没事”和“别急”，而在A类语类中没出现这样的评论附加语。这说明学生希望教师在他们犯错后，不应只是大加批评，而需要在指出不足时给予适当体谅安抚，这样语气更令人易于接受批评。

再如评价附加语“其实”，在A类语料中，“其实”后面多为否定意义词语；而在C类语料中，“其实”后面多为肯定意义词语。这说明，教师批评时突出了负面，加重了批评的语气和程度；而学生期望指出问题，但也肯定他们的一些长处或是说问题其实不是那么严重，让他们不失信心。

除此之外，评论附加语有时还对说话者谈话或交流的风格本身做出评论。譬如，A类语料显示，教师喜欢说：“你看看你”“看你们这样”“你看看”“看看你现在”等。这些话语既表明教师对学生的不满意，同时又显示他们的交流风格是颐指气使、盛气凌人。

4.2.6 语气词

基于A类与C类批评话语平行语料库，笔者对其中语气词的应用进行量化与质性研究。通过统计，列表如下：

表4.7 A类与C类语气词比较

词语	A		C	
	频率	百分比	频率	百分比
吗	31	0.18	28	0.18
呢	25	0.14	12	0.08
吧	13	0.07	26	0.17

（续表）

词语	A		C	
	频率	百分比	频率	百分比
哦			13	0.08
嘛	12	0.07		
呀	11	0.06	5	0.03
啦	2	0.01	5	0.03
噢			4	0.03

观察上列的表格，笔者发现语气词“嘛”只出现在A类批评话语中，“哦”和“噢”只出现在C类学生修改后的话语中。通过节点词检索，笔者观察到，“嘛”字与“干”字搭配，很口语化，是很典型的课堂批评语气，如：“真不知道你们干嘛来上大学？”“干嘛抄袭？”“干嘛不花时间在背英语上呢！”“干嘛”在上述句子中表示“为什么”的意义，批评语气加强。当教师说：“连这点小事办不成，还能干嘛？”“你每天不写作业干嘛？”“没找到工作又没写完作业，那你们干嘛了？”这些句子似乎在问“干什么”，但实际上是隐性评价，批评学生无所事事、无所作为。

中国权威《汉语大字典》给“嘛”的释义是：（1）（má）方言。代词。什么。（2）（ma）助词。表示很明显。**如：有意见就提嘛，何必客气；失败是成功之母嘛！**字典里没有语料里所发现的意思，即“干嘛”构式在一定的语境，是隐性批评。正如Hunston（2011）所说，通过观察节点词的使用规律，能发现用语结构。语料库提供大量信息，有助于概括语言使用规律。

据中国权威《汉语大字典》，噢（ō）是叹词。表示醒悟或惊讶。但是C类语料显示“噢”还可表示缓和语气。如：“那样很危险噢。”“可是不对的噢。”

据中国权威《汉语大字典》，哦（ó）是叹词。表示领会、醒悟。**如：《儒林外史》第三十回：“杜慎卿吃了一惊，说道：‘哦！你就是来霞士！’”**但是C类语料显示“哦”还表示缓和语气。

据中国权威《汉语大字典》，“啦”是助词。“了”和“啊”的合者，兼有“了”和“啊”的作用。如：**周立波《暴风骤雨》第二部二十四“要一个马好呀，打磨，打柴，不用求人啦！”**这与C类语料中“啦”的意思基本一致，但是语料显示，“啦”字也有表缓和语气之意，或与正面意义搭配使用。如：“加油！下次不要这样啦！”“努力工作就不会再出错啦！”“能更细心一些就好啦！”

“吗”在A与C类语料中是使用最多的语气词，所占的百分比是一样的。据中国权威《汉语大字典》，“吗”是语气词。用在句尾，表示疑问或反诘语气；用在句中，表示提示，便于引出下文。这与A和C类语料中“吗”的意思基本一致，但是语料显示，A类中的“吗”在语境中更具有质疑、反诘、责备学生之意。而C类中的“吗”在语境中更具有对话性，是询问而不是质疑，以不确定口吻探询，表示关心，是缓和语气。这些在词典中都是没有的。

据中国权威《汉语大字典》，“呢”是语气词。用在疑问句的末尾，表示疑问或反问语气；用在陈述句的末尾，表示确定的语气；用在句中表示停顿；用在祈使句末尾，加强恳求语气。不过在本研究的A类语料中，“呢”主要表示不满、责备、质疑意义，如：“那你作业为什么错得和同学一模一样呢？”“你怎么就这么不长记性呢？”“你现在怎么变成这个样子呢？”“你这个学习态度怎么行呢?”“你这种人怎么还能当班长呢？”“还想留着什么时候做呢？”但是在C类的语料中，笔者发现“呢”主要用来询问出错或犯错的原因，语气和缓，表示教师愿意倾听学生的声音，与学生交心。譬如：“今天上课怎么呢？哪里不舒服？”“是因为概念不清呢？还是上课没听？”“你最近这次考试退步了，你有没有想过是什么原因呢？”语料说明，使用者侧重点不同，语气词意义也有所不同。

据中国权威《汉语大字典》，“呀”发yā音，是叹词，表示惊讶；发ya音，是助词，表示语气。A类中的“呀”字比C类多一半，它们大都与负面意义的词语连用。在A类中它主要表示惊讶和责备，如“这道题都不会做呀？”“你怎么还说呀？”“你以后吃空气呀？”“我讲了多少遍，还记不住呀？！”在C类中，它有表示责备、惊讶之意，但还有另一层意思是“提醒”或“警示”，负面意义比A类弱些，如：“学生的天职是学习呀！”“你呀！就是不认真。”“你可是我们班上的希望呀！”“这个关键时期还浪费时间呀？”这些清晰地说明，语气词与词语搭配不同，说话者角度不同，语气词意义都有所区别。

据中国权威《汉语大字典》，“吧”是语气词。放在句末，表示商量、推测、请求、命令等；用在句中，表示假设、不敢肯定的语气。常对举，有两难的意味。

关于“吧”的功能，很多学者表达了不同的看法。吕叔湘认为，“吧”的作用主要有两条：（1）测度和拟议；（2）商量或建议。齐沪扬（转引自冉永平，2004）则将其功能简单归纳为两点：（1）表示祈使语气，常常通过陈述句式、祈使句式和感叹句式实现；（2）表示揣测语气，常通过陈述句式和疑问句式实现。冉永平（2004）则建议在以上两位学者研究的基础上，补充“吧”的语用缓和与商榷功能以及受语境顺应性特征支配的语用推进功能。陈开举（2002）认为，“吧”的基本语用功能是降低话语的真值强度，以表达“商榷”“揣测”的含义。屈承熹、李彬（2004）把“吧”看作是一个语篇标记，认为它主要是用来增进说话者与听话者之间的互动。

笔者赞成上述学者的观点，不过笔者发现语气词“吧”用在批评话语类，与使用者的目的、词语选择搭配及使用语境有关。

C类“吧”字出现比A类多一半。在C类批评话语中，加了“吧”增加了话语不确定性，弱化了批评的态度，使批评的语气和缓，观点更委婉地表达出来。C类也显示学生期望教师批评时，话语要和缓，需探寻学生犯错原因，不能武断，不分青红皂白批评学生。同样是表达建议，C类“吧”语气词具有询问、商量、推测，恳求或劝导之意，语气缓和些。如：

是不是压力很大？生活上没有什么问题吧？

最后没有一个好的收获，让教师、家长，更让你们自己失望吧？

女孩子一般都比较内向吧。

既然坐在教室上课了，那就对你自己负责吧！

而A类“吧”，语气貌似委婉，实则批评的语气更重。要学生继续不当的行为，这完全是讽刺挖苦痛斥。如下列索引行例句所示：

怎么可能，抄了吧。

你们就不好好学习吧！

你们就接着出去打篮球去吧！

继续用你们的父母的血汗钱潇洒下去吧。

平时聊QQ聊太多了吧。
就主动地好好学习吧。
毕业就回家去卖红薯吧。

通过A与C类批评话语比较，笔者发现，“吧”语气词与说话人的交际意图和语境是密切相关的。用“吧”可以缓和语气，使批评话语显得没有那么武断，显得委婉而礼貌。但是，有时，用“吧”与负面词语结合使用，带有更强烈的质疑和批评语气，不是缓和，而是增加质疑和批评强度。

4.3 语篇功能分析

语言交际不是通过孤立的句子来实现的，而是通过语篇去实现的。概念意义和人际意义只有通过语篇才能成为现实的意义。语篇指的是任何长度、在语义上完整的口头或书面语的段落（Halliday & Hasan, 1985）。谋篇功能赋予语言成分以信息组织的功能和身份，并回答这样的问题：说话者以什么作为信息的出发点？哪些信息最具有信息价值？信息之间以什么方式相互联系在一起？这三个问题分别是由谋篇功能的三个子系统来回答的：主位结构，信息结构和衔接系统（张德禄、苗兴伟、李学宁，2005）。

Halliday、Hasan和Martin等人为研究社会因素与语言使用的相互关系作出了很大的贡献，他们对语类结构与社会行为模式相互关系的研究很有实用价值。本节主要对A类与C类教师批评话语语篇功能进行分析，侧重于主位结构和衔接手段。

4.3.1 主位结构

根据句子的组成部分在信息传递中所发挥的作用，句子结构由主位和述位组成，而且二者在信息传递中负载不同程度的交际效力（communicative dynamism）。也就是说，主位和述位对交际进展所产生的作用具有程度上的差异。主位由于通常负载已知信息，因此被认为交际作用较弱小；而述位由于通常负载新信息，能有效促进交际，因此交际作用更强大。主位一般位于句首，是叙述的出发点、对象或基础，从而成为句子其余部分叙述内容的起点。述位是对主位的叙述、描写和说明，是叙述的核心内容。

根据Halliday（1994）的划分，主位可以根据结构的复杂程度分成“单项主位”（simple theme）、“复项主位”（multiple theme）和“句式主位”（clausal theme）。单项主位指句子的主位是一个独立的整体，只体现概念功能、人际功能或谋篇功能中的一种元功能，不可以再分成更小的功能单位。充当单项主位的语言成分可以是一个名词词组、副词词组或介词词组，也可以是两个或两个以上的词组。复项主位是由多种功能成分构成的主位。它总是含有一个表示概念意义的成分，另外还可能含有表示谋篇意义和人际意义的成分。（张德禄、苗兴伟、李学宁，2005）教师批评话语主要以“单项主位”和“复项主位”为主。

“主位”也可以借助称呼语、人称代词（如，李战子，2001; 朱永生、严世清，2001）。称呼语与人称代词的使用可以直接反映讲话者与受话者之间的人际关系。笔者基于语料，统计了A与C人称指代词使用情况，列表如下：

表4. 8 A与C类人称指代词使用情况比较

词语	A		C	
	频率	百分比	频率	百分比
你	412	2.36	314	2.03
我	147	0.84	111	0.72
你们	92	0.53	55	0.36
自己	50	0.29	55	0.35
教师	47	0.27	73	0.47
同学	34	0.19	77	0.50
别人	25	0.14	12	0.08
学生	24	0.14	20	0.13
我们	22	0.13	40	0.26
他	13	0.07	8	0.05
父母	13	0.07	10	0.06
大家	9	0.05	22	0.14

（续表）

词语	A		C	
	频率	百分比	频率	百分比
他们	8	0.05	6	0.04
女孩子	8	0.05		
女生	7	0.04		
家长	6	0.03		
人家	4	0.02		
咱们			4	0.03

观察发现，教师批评话语中的“主位”，如以称谓语或人称代词“我”“你”“你们”“别人”“他”“他们”“学生”“父母”这样划分清楚人际关系的词语在学生修改的话语中，明显减少，并且再没有突出性别差异。C类话语中出现了A类话语中没有的“咱们”，而且“教师”“同学”“我们”“自己与大家”的数量也有所增加。这些表明，学生期望师生关系融洽，用包含性指代和称呼拉近彼此关系。

根据C类学生修改的语料，笔者发现实施批评时学生倾向于教师称呼自己为教师，称学生为同学。为此，笔者询问了一些学生和教师，大家总体认为称呼自己为“教师”，是表明自己在尽教师的天职，称呼学生为“同学”，是在拉近与学生的距离，以此消除对方的抵触防御心理。在中国，学生非常重视在乎教师的话。教师在实施批评时，只要话语不伤害学生，以教师身份与学生对话就非常自然。这更显示出教师关心和关爱学生，努力成为学生的良师益友。教师若以同学指称学生，不直接点名道姓，这样让犯错学生不觉得难堪，更感受到教师平易近人，平等待人，因而更易接受批评。

笔者还发现，A类的教师批评话语，信息起始点常常是“我”（教师）或“你”（学生），如：“我真/完全/根本不知道……”“你以为……”“你知不知道你做……”等。而学生修改的话语起点，会变为“事”或“物”。如：“以后做事记得不要拖拉，尽早完成。”“可能是学习方法出现了问题，如果找到很好的途径，学习成绩应该会有大幅度的提升。”

相比而言，无论以教师或是以学生为主位实施批评，都没有以“事”与“物”为起点来得那么客观实在。有时以“我”发表观点态度难免主观情绪化，以“你”开始，数落如何如何不是，大伤学生自尊。因此，批评时要选好视角起始点。

4.3.2 衔接手段

Widdowson（1973）认为，话语分析实际上是探讨如何把句子用于社会活动中的交际。Halliday发展起来的衔接理论是运用于语篇分析的，是研究句子的运用的。衔接是句子组合成语篇的重要特征，也是意义特征，但由语法和词汇等形式特征来体现。

在衔接手段这小节，笔者主要涉及连接词，探讨其衔接形式在教师批评话语中的运用与功能意义，解释其语言现象，以及形式与功能的关系。

笔者从语料中发现，A与C类话语中的“只要”连词，后面所接的内容基本上为正面。而实际上，这是学生没做好的地方，通过“只要”从正面角度切入，突出积极的信息，恰到好处地实施了批评，对学生很有建设性意义。如：

只要努力就可以。校长是领导，又是长辈

就是不认真，潜力可不别人差，我相信**只要**你努力，你成绩一定不会差。学会细心，

但是你还只是读高二，时间非常充足，**只要**你肯努力肯付出，我相信你一定能考上

好的报告，不过总体上还不错。其实你**只要**多看看就会的，这个很简单的。如果你

不要看见别人现在比你强，而压力好大，**只要**自己不断地学习就能使自己更好！念得

你这次考试成绩不理想，但是不要放弃，**只要**以后努力，还是会不断进步的！我们班

的幅度，是很正常的，你以前底子不错，**只要**按部就班，调好心态，真的不是问题的

找出原因，并做好笔记。错误并不可怕，**只要**同学们勇于改正，下次争取不犯相同错

很突兀。不管你现在对这题有什么想法，**只要**试着说说看就可以

了。请大家安静，静

师再给你讲一讲，争取早点把问题解决，**只要**你好好听，认真学，肯定能做出来

宋云丽，其实你的字还有进步的空间，**只要**你平时写字细心一点，慢一点

同学帮帮忙，别急，你肯定能做好的。**只要**客观陈述事实就好，不要对那些

有趣的是，A类中的连词“却”后面往往连接的、凸显的是负面内容，比如：

进步很大嘛。怪了，步骤全错，答案**却**对了。你是怎么想的。他真的很聪明

你曾对教师说，有些只是不明白，可你**却**从不问教师，其实学问学问，只学不问，

坚信这一点。然而你今天不回家的行为**却**让父母担心到你知道吗？你的高三也是父

同学们都在写了，你**却**还找不到本子，找不到本子你不会先用一

害怕和别人一样努力了，成绩**却**没有相应提高，害怕证明自己其实没有

总认为自己只有稍微努力就超过他们，但这些同学**却**从来没有行动过，总是停留在想，我想

连接词“却”突出已成事实的状态，而连接词“只要”注重未来的具体行为。通过比较衔接词语选用语言特征和功能，孰优孰劣，一目了然。

再比较一下A与C类连接词在批评话语中使用情况的量化表，着重观察它们的内容、目的、语境、序列，更能清楚地知道话语究竟是突出积极态度，还是突出消极态度。

表4.9 A与C类连接词使用情况

词语	A		C	
	频率	百分比	频率	百分比
如果	16	0.1	31	0.2
但是	13	0.07	23	0.15
但	12	0.07	31	0.2
而	7	0.04		
却	7	0.04		
因为	6	0.03	12	0.08
只要	4	0.02	13	0.08
虽然	4	0.02	5	0.03

笔者发现C类话语中，连接词使用比A类话语使用更多，只不过少了"而""却"这种带有明显正反对比的词语。从学生修改的语料发现，他们会尽力辩证地看待问题、寻找犯错原因、提供解释、表示理解、提供办法解决问题。C类话语比A类教师批评话语更为积极。可见，小小衔接词，功能作用非同小可。教师完全可以灵活选用它来调控话语的合适度，影响学生，从而达到预期目的和效果。

4.4 小结

本章节利用系统功能语言学理，论结合语料库方法，对A类教师批评话语与C类学生修改的批评话语进行比较分析研究。笔者分别从三个元功能考察，选择概念功能中的话语范围和及物关系过程中的物质过程、心理过程和关系过程，发现A类教师批评话语折射了教育重考试、教师焦虑浮躁的现象。而批评话语中物质过程"做／干／搞"内容空泛，显示批评空洞无物，无指导性和建设性意义；心理过程反映了批评的主观性；关系过程反映出，教师描述呈现状态和关系比较消极负面。在人际功能部分，笔者考察了评价理论的三个方面，发现批评话语中的判定和鉴赏都是由教师对学生表现和状态不满、失望而发，因而显性负面判定为多，显性负面鉴赏也较多，主要集中在鉴赏的反应的影响和社会价值上。而在反应的质量以及构成方面的鉴赏不多，这又再次证明A类教师批评话语的问题所在：批评不到位、空洞无物。通过介入分析，笔者发现，A类教师批评话语断言多，缺乏多声与互动性。级差与韵律分析显示，人际意义的实现与概念意义和语篇意义不同，具有韵律性特征。作为人际功能的一个重要组成部分，评价意义的实现方式同样是韵律性的。A类批评话语负面评价显强势。笔者还对表人际意义的情态及语气词进行了探究，同样发现，A类情态词语较少但高值情态多，语气过重。最后笔者对语篇功能中的主位系统和衔接手段分析，结果显示，视角同样负面。而C类批评话语总体与A类批评话语不同，明显语气和缓，更趋客观实在，隐性积极正面判定和鉴赏增多。C类学生修改的批评话语显示了学生的需求和期盼。原有A类的批评话语中的夸张、讽刺和直言基本被改为间接和缓的批评，在下章笔者将采用批评语用学理论进行探讨。

第五章 A类与C类教师批评话语的语用研究

从第三章中可知学生对不同变量的问题选择了直接或间接的批评方式，或不评说。笔者发现学生最难忘的A类教师批评话语许多是直言、夸张和反讽。学生在C类修改话语中大多采用低调陈述改写教师失当的批评话语。在第四章，笔者用功能语言学对比分析了A类与C类批评话语，发现了它们不同的语言特征、它们所反映出的社会和教育问题以及教师批评话语存在的问题。

在Halliday等人看来，语言交际者要表达的意义都在语言之中，人们只要认真对待语篇、正确分析语篇，便可得到所需要的答案。但是，事实证明，Halliday的理论和方法并不能阐释会话意义或间接言语行为所发挥的功能。间接方式包括反讽、低调陈述和夸张。为什么学生偏向低调陈述问题，而不喜欢同为间接方式的反讽和夸张？虽然有相当多的学生在学习型问题变量上选择直言，但实际遭遇批评时，还是偏向间接方式的低调陈述。显然，语用学“现有成果对系统功能语言学一向关心的话语分析（尤其是会话分析）来说，应该能起到补充作用”（朱永生、严世清，2001）。

本章节将利用语用学理论对直言、反讽、夸张和低调陈述进行批评语用探讨。

5.1 修辞与语用

胡曙中（2004）在其《现代英语修辞学》书中写道：每一个交际场合暗含着某种语气（tone）。说话者对受话者采取的方式或态度，即语气，决定了说话者如何调节要传达的信息。语气主要是由听者、话题、目的等因素决定。他把语气大略分为四种，即：直说（literal statement）与反话（ironic statement）；夸大其词（overstatement）与低调陈述（understatement）。笔者把它们的关系以下图所示。笔者认为，低调陈述与夸张是相对立的语气，直言介乎于两者之间，而直言又与反讽形成相对立关系。低调陈述和夸张分别也可作为反讽的手段。胡曙中（2004）也认为反语有时可“通过一种夸大其辞的手法来实现”。所谓直言，即直截了当表明观点、看法、态度，其表达的意思就是字面意义；而反话/反讽表达的意义正好与字面意义相反，也就是表面说的是一回事，而实际表示的是另外一回事。采用不同的语气表达，肯定会产生不同语效。例如：

学生考试不及格，教师对学生说：

1) 你还真有水平，每次稳夺第一。（反语）
2) 没关系，多下点儿功夫，下次一定行。（低调陈述）
3) 这些题我平时讲过多少遍，考试你还是一窍不通，考得一败涂地。真不知道你到学校来干什么！（夸张）
4) 不好好学习，考试全班排名倒数第一。（直言）

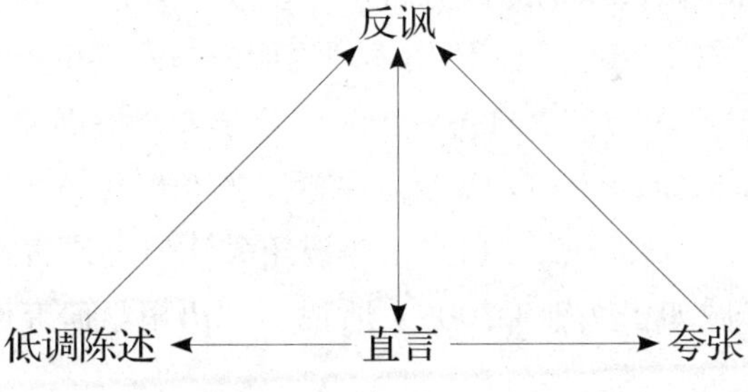

图5.1 四种语气关系图

正如Morris（1938）首次提出“语用学”概念时所指出的，修辞与语用有着密切的关系。Leech也认为，语用学本身就是一种修辞研究，并且区分了人际修辞（interpersonal rhetoric）和篇章修辞（textual rhetoric）。人际修辞就包含了夸张和低调陈述准则（Leech，1983）。Leech把话语的语用功能看作是言外之力（illocutionary force）和修辞效力（rhetorical force）的整合。修辞效力是指说话人采取不同人际修辞手段，而产生不同的话语意义和影响。

受日常语言哲学思想的影响，语用学从诞生之日起就致力于从语言使用者的角度、透过语言的实际使用情况探讨语言的意义（冯光武, 2008）。语用学，说穿了，就是“社会人文网络言语学”（钱冠连, 2008）。

语用学的核心课题包括含义（implicature）、语用预设（presupposition）、言语行为（speech acts）和指示现象（deixis）（冯光武, 2008）。

受日常语言哲学思想的影响，语用学从诞生之日起就致力于从语言使用者的角度、透过语言的实际使用情况探讨语言的意义（冯光武, 2008）。

Crystal（1997）认为，语用学就是从语言使用者的角度研究语言，尤其是语言选择、社交互动条件下语言使用的制约因素以及语言交际行为对他人的影响。语用学是透过语言使用对语言意义进行动态研究的。语用学的核心课题包括含义（implicature）、语用预设（presupposition）、言语行为（speech acts）和指示现象（deixis）。

20世纪60年代以来的西方哲学或多或少都带上了行为论、整体论的色彩（曾文雄, 2009）。语用学理论形成与发展也受其很大影响，如Verschueren（1999）、Mey（1993）等学者坚持倡导语用学研究的综观论。Verschueren（1999）反对从狭义的角度探讨人际互动中的语言意义，主张从认知、社交和文化等视角关注研究语言选择与理解以及人际交往。诚如曾文雄（2009）所说：“语用学研究应该是广义与多维的。”

语用学和修辞学又是两门关系虽密切但本质不同的学科。它们虽然都研究语言的运用，却有不同的出发点、目的和视角，即研究语言运用的侧重点不同，二者具体的研究对象有交叉。语用学是研究符号与符号使用者之间关系的学问，修辞学是研究在交际活动中如何提高表达效果的规律规则的科学。“语用学既研究编码过程，也研究解码过程，而且对解码的兴趣比对编码还要大一些。修辞学则主要研究编码过程，一般不研究解码问题。有时虽然讨论到解码方面的问题，这也是为了研究编码问题的需要。修辞学是一门关于表达的学问，它把自己的研究对象控制在编码过程这个范围之内。对交际效果，主要从说写者的角度来考察，即只研究表达效果。而语用学不仅研究表达效果，也研究接受效果。胡壮麟在第十二届全国功能语言学研讨会上发言，反思“系统功能语言学与认知、语用、生成语法、心理语言学等其他学科的交叉研究成果较少，这方面的研究还需努力推行”。

Wilson 和 Sperber从认知角度对修辞进行研究，认为运用夸张和低调陈述并不违反真实性准则，尤其是当听话人认为话语意义与说话人所持观点相似，即两者在逻辑和语境含义上有共同之处的时候。Wilson 和 Sperber认为，人们在运用这些修辞手段时旨在将自己的观点有效地导向他人，并不一定要求对方严格按照字面意思来理解，只要相似就可以了。

姜望琪（2006）认为修辞学与语用学相通，主要还是因为两者都涉及合适或得体问题。修辞者，修辞词语也。把话说得好听一点，让人容易接受，这是修辞的作用；也是为什么言外之意这么普遍的原因。

笔者（2011）认为：如果“真实的”“准确的”陈述伤害学生的自尊心，反倒不如采用一些“修辞性的”手段，如低调陈述。

5.2 批评话语与言语行为

当语言被视为行为时，语言对人们行为产生影响。教师的批评话语尤为如此。韦尔德基于研究发现话语既可以型塑它所施行的行为的性质，也可以型塑谈话所涉及的各方之间的关系的性质。而且话语对谈话者以及随后的互动，一般而言不仅仅只有一个后果，而是有一系列的后果（Potter & Wetherell, 2006）。从言语行为的角度，批评话语可看成是一种以言行事，其以言成事目的就在于教书育人，而师生言语行为互动必将产生一连串效果（胡丹，2011）。

从言语行为的角度，批评可谓一种以言行事行为，其以言成事的目的，在于实施劝说改过。教师要根据语境和目的，选择合适的方式表明态度、立场、观点或看法，或进行评说。

笔者认为，Halliday最近所提出的“适用语言学”的概念与他一贯的语言观和语言学思想其实是一致的。Halliday受到Firth关于“语言的社会学”思想的影响，将意义看作为语言项目在其使用的语境中的功能。因此，Halliday的主要兴趣在于将语言作为“社会人”的中心特征来研究，以解释人们如何在社会语境中进行互动和交往。Halliday认为语言是“做事”的一种方式，而不是“知识”方式。他把语言看作“意义潜势”，而作为语义系统，它又是“行为潜势”的体现（Halliday, 1978）。系统功能语言学重视从真实的语料入手，强调对自然言语的研究（常晨光、廖海青，2010）。

语用学研究与语言使用者和接受者、言语选择、语境（语言或非语言）、语义（字面意义、蕴含意义）、言后取效等关系密切。语用学家通过合作原则和礼貌原则等语用规则的建立与分析，尤其是通过这些规则经常被破坏的现象，对会话含义作出了比较深入的研究，对语言交际者为什么有话不直说的原因作出了比较令人信服的解释（朱永生、严世清，2001）。Brown 和 Levinson（1978）指出，人们言谈中的言语行为都是一些所谓的“威胁面子的行为”（face-threatening acts）。若言语交际者要维护双方面子，采用礼貌语言便是一种有效手段。

Lakoff（1973）提出的“语用能力规则”（Rules of Pragmatic Competence），即礼貌策略，清楚表明言语交际中双方的人际关系重于信息传递或信息获取。这一观点也可以帮助说明言语交际中间接性言语行为、委婉语、模糊限制语等出现的理据。

Leech（1983）提出了礼貌原则（politeness principle），合理地解释了人们有意违反合作原则的原因。Leech（1983）提出的人际交往的“礼貌原则”的6准则（得体准则、慷慨准则、赞誉准则、谦逊准则、一致准则、同情准则）在批评话语中尤为重要。表现在批评学生时，要考虑受话者的心理、情感、面子，要有同理心。为达到批评目的，有必要减少对他人的贬损，降低对立；需要寻求一致，争取认可和接受；应得体表述，显得亲和、通情达理。

除“礼貌原则”以外，Leech还提出了反讽（Irony Principle）、逗乐原则（Banter Principle）、有趣原则（Interest Principle）、乐观原则（Pollyanna Principle）。这些原则和“礼貌原则”“合作原则”被Leech（1983）统称为“人际修辞原则”。

冉永平（2006）认为礼貌作为一种社会现象，无论在哪一个语言集团中都普遍存在的，但在不同的社会文化条件下礼貌原则应该是存在区别的，而非一概而论。Leech 提出“礼貌原则”的主要依据是英国特定的社会文化背景，因此它不适宜对不同语言、文化条件下的礼貌现象进行统一解说。

现实中的情况的确有差异。比如，Leech认为反讽是为了避免直接批评对方，它不违背礼貌原则。但教师批评话语研究则发现中国学生不喜欢用反讽批评，认为是违背礼貌原则。笔者认为这不仅与文化有关，还与语域有关。反讽在中国小品、文学作品、报刊杂志社评等出现，大受欢迎，这与礼貌无关，而是因为反讽方式让批评更入木三分、耐人寻味、余味无穷。

不过在现实的人际交流中，出于礼貌、面子等非语言因素的考虑，说话人往往会选择不同的间接性话语形式或交际策略。比如，委婉和低调陈述。

言语交际中，很多间接言语行为都是一种表述句。其实，表述句（constatives）的功能不仅在于陈述或描写。只要具备恰当的语境条件，它们同样可以实施以言行事的功能，或传递间接的语用用意。Searle（1975）提出了间接言语行为这一特殊的以言行事行为类型。

交际中，我们发现，有些话语传递的信息并不是它的字面意义，这类话语就属于间接言语行为。比如：“下课铃还没响。”从句法分类来说，这是一个典型的陈述句。但在一定语境中，说话人的目的往往并非在于陈述，而是传递某种语用含意或用意。这个陈述句可能批评学生还没到下课，就开始躁动不安，不好好静心听课学习等。可以说，当陈述句、疑问句和祈使句在交际中所起到的作用不是陈述、疑问和命令时，它们就可归入到间接言语行为之列。

教师批评是“通过言辞行事”（doing things with words），比如，警醒和劝告学生等。因此，我们把在一定语境条件下实施类似功能的批评话语称为“言语行为”（speech acts）。

实施某一言语行为采用的方式不同，所达到的语用功能是不同的，如直言与间接方式，或间接方式中的夸张与低调陈述。而且在不同语境，同一言语行为所体现的言语行为功能也不尽相同。以“You could do better”为例：如果这话对一个成绩优秀的学生说，可能是隐性批评他没有如教师所愿考出佳绩；如果这话对一个成绩有困难的学生说，可能就是鼓励他的话语。

言语行为中策略的选择涉及语用取效问题，尤其当教师相对于学生权势、地位较高时，他们给予批评和建议的言语行为更是如此。为达到不同的目的，教师采用不同的言语形式，不同的言语形式体现不同的社会角色，不同角色行使不同的话语权，不同话语权构建不同社会关系，不同的社会关系产生不同的社会效果。

5.3 教师批评话语的语用研究

批评语用学创始者Mey（1993）出版了 *Pragmatics: An Intreduction* 一书，强调从社会的角度去研究语用，即研究语言使用者在社会交往中应如何选择言语、使用语言时可能受到的限制以及使用语言所产生的认知效果和社会效果。

下面基于A与C类教师批评话语对直言、反讽、夸张和低调陈述做批评语用分析研究。

5.3.1 直言

直言是不加任何修辞，直截了当地表明态度、看法和观点。一般来说，讲真话讲实话是真诚实在。社会的进步发展需要有这样的针砭时弊的诤言，社会才会有更强的推动力。但是，在人际交往中，尤其教师在教书育人时，什么时候婉言，什么时候直言，需要斟酌。汉语中常说“恕我直言”而不说“恕我婉言”，可见婉言比直言反能得到社会的认同（孙汝建，2006）。

笔者以下列A类教师批评话语中直言为例，展示直言对学生的影响。

还不如直接退学得了，反正现在又没有谁会阻止你。
你就是来上课，怎么什么也不会？没来上课，就是补考也不会
不熟悉还让我提供什么建议！这个学期你一定挂科。
你是怎么考进这个班的？是不是入校考试成绩有问题？
宋云丽，是不是抄别人的.不知道你是怎么考出来的？
平时不努力，还妄想能考得好，学习哪有捷径，都是漫长
花钱买进来的，也不知道好好学，平常就像个哑巴，问也不问。

多练习一下口语，多听一些听力，慢慢就会适应的。
高考不是那么简单的。在我印象里，你是咱班注定二本的
比男孩子还调皮！听说你就是你们班上学习最好的？
就你还是学习最好的，这道题都能做错！

以上例子清楚地表明，有辱人格的直言对学生无疑是重型炮弹，直击他们的脑门和心房，难怪学生刻骨铭心，长久不能释怀。即便学生真是花钱买进学校，或是常旷课、常补考，作为教育工作者，也不应该以如此方式直言不讳。这样非但起不到批评教育作用，反倒增加学生的仇恨敌对情绪。另外，教师直接主观判断学生注定是二本的料，而学生自己认为自己应该考上一本；学生想到教师小看自己，当然愤恨不满。

在问卷调查第三题B类的反馈中，有的学生写道："教师当初说我一定考不上大学，我最终考上了。任何事情都是有变化的，教师把成长中的学生看死，这不是教师的为师之道。"另外，一些女生表示反感教师批评女生带有性别歧视，对女生另当别论。她们认为如果教师都不公允对待女生，更何况整个社会？可见，教师直言不当，不仅影响学生对神圣的教师职业的怀疑，还影响学生对整个社会的观感。

第三章表明，对于情感问题，34.92%学生倾向于不评说，53.97%的学生倾向于间接方式说，只有3.94%的学生愿意直接评说。尤其是关于非学习型方面的问题，学生大多倾向于间接批评方式。即使是有关学习型问题，学生选择了直接方式，可是实际上，大多学生把直接方式的批评话语都改为间接批评话语。这些足以证明，在实际的人际交流中，人的情感、心理因素是不可忽略不计的，批评要讲究方式方法。有时批评必须直言，如，作弊成风，不可视而不见、充耳不闻。但在特定的交际语境中，通过间接性话语表达隐含信息可能取得直接言语行为所不及的更好的批评语用效果，何乐而不为？正如冉永平（2006）所言："有时借助隐含某一特定语用信息的间接性话语还可对非正面或非积极的现象，甚至不良信息，起到一定程度的遮掩作用，以免过于直白，产生负面效应。"《易·系辞》中也有"书不尽言，言不尽意"的话。因此，人们通常为实现言语行为，总要考虑交际对象的性格、情绪、态度、状况等语境因素，并

非总是采用直言直语，有时也要借助间接话语曲径通幽，达到理想境地。

5.3.2 反语

“反讽”或“反语”（irony）一词，源出希腊语“eironeia”，原意为“佯作无知者”（赵毅衡，1986）。后来衍生出“嘲弄”与“讽刺”等其他含义，并作为一种修辞方法来使用。反语是一种常见的语言现象。长期以来，一直是哲学、文学、修辞学的重要研究对象。随着现代语言学，特别是认知语言学和语用学的兴起和发展，间接性话语的反语更成为语言哲学、美学、心理学、文学批评、修辞语用学和认知语言学等跨学科的研究课题。

Brooks（1975）把“反讽”定义为“语境对于一个陈述语明显的歪曲”。Diyanni（1990）认为反讽涉及两个事物之间的对比和反差，即话语与意图的对比反差或事实与期望的对比反差。（Irony always involves a contrast or discrepancy between one thing and another. The contrast may be between what is said and what is meant or between what happens and what is expected to happen.）反讽既涉及到语义矛盾及多重意义等语言建制，也与讽刺、怀疑、否定等精神特征有关联。

涂靖（2004a）在论反语的本质属性时，认为反语通常是与常规相对的变异（deviation），包括“语义变异”和“语用变异”。前者指语句在逻辑上不合理，后者指语句在语境中不适宜。就反语而言，其对立性具有类典型性，主要体现在三个层面：语义、言语行为和评价。语义层反语的对立性突出体现为语义冲突，这是反语的基本条件。命题的主要词语的义素间的不相容性导致命题本身的荒谬，使听话人轻松推断出话语隐含的反讽意。反语的语义对立亦可体现在字面意义与情景语境的冲突或命题所涉及的物理语境与说话人的心理语境之间的差异。可以把反语视为字面意和隐含意之间的语义倒置（semantic inversion）。

Haverkate（1990）认为反语可否定某个词，也可否定整个命题。总之，反语是以语义对立为基础，说话者所表述的内容与他对世界的真正看法不一致。从言语行为视角而言，反语的对立性体现为言外之力。

反讽与直义语的不同在于反讽本身的不一致性（incongruity）（涂

靖，2004b）。反讽作为一种意义表达变体，是对客观现实的异化表达，是语言的概念功能的特殊体现形式（涂靖，2004b）。依据语境和交际意图，人们既可选择符合现实的直陈式结构，也可选择曲折反映现实的反讽语。交际双方角色不变时，同一话语在同一情景中发出，既可能是直义句，也可能是反讽，取决于双方心态或视角（涂靖，2004b）。

Dews 和 Winner（1995）将"正话反说"称为"ironic praise"，而把"反话正说"称为"ironic criticism"，恰如其分地反映了命题与语境间的这种对立关系（涂靖，2004b）。反讽是带有某种特定情感的命题，常常因为说话者发现现实与其心理期待存在差异而发出（涂靖，2004b）。Giora（1995）的间接否定理论认为反讽是不使用明确的否定标记的否定形式，命题实际隐含了表达的事物状态与所期望的状态不同或相距甚远。Utsumi（2000）认为命题的理想化程度越高，极性越强；极性越强，反讽性越强。简言之，字面意义与说话人真实意图反差越大，反讽效果越显著。

以上专家学者有关反语的论断尤其可在教师批评学生的反语中得到佐证。如教师对学生寄予某种希望，但对学生的现实表现非常失望，觉得学生难以达到预期目标，期望与现实的不一致，因此故意说反话，而对学生的不满情绪就暗含于其中。如："这就是你想要的结果。"（语境：该学生考试挂科。）这句话字面意义与说话人真实意图相悖而形成反讽。

值得注意的是，如果反讽用于教师批评学生的话语，不经意中就会伤害学生，损害师生关系。如，教师"用手掌煎鱼给学生吃"在现实中难以实现，除非有特技。教师表达的真实意义是：学生不好好学习，除非有奇迹出现，他才会考上大学。否则，那是极为不可能的事！这样，教师似乎很策略地批评了学生，但反讽如一把利刃刺伤学生的自尊心。

反讽作为言语行为的语用策略受到许多研究者的关注。Brown 和 Levinson（1987）把反讽归纳为非公开性策略之一；Leech（1983）提出了反讽原则。二者理论虽有一定差异，但都认为反讽是说话者以间接的方式来实现对讽刺对象面子有"损"的言语行为。由于反讽对说话人自身和听话人面子都有一定程度的威胁，一直争议颇多。Roberts

& Kreuz（2000）（转引自Toplak & Katz, 2000）认为反讽言语是为了传达一种消极感情；Kreuz（1991）认为反讽主要是为了嘲弄听话者，有时纯粹是为制造幽默感。Kumon（1995）等则提及到了言语反讽对听话人面子的照顾（转引自Dews & Winner, 1995）；Dews & Winner（1995）认为反讽可削弱谴责程度。但是Colston（1996）则认为反讽更多是用于加强谴责效果。Toplak & Katz（2000）同 Colston持有同样的看法，认为反讽加强而非减轻了批评程度。

本研究支持Toplak & Katz（2000）以及 Colston（1996）的观点。笔者从学生视角的教师批评话语研究发现，反语/反讽用于批评学生，是加重了批评。正如Clark & Gerrig（1984）、Sperber & Wilson（1992）、Gibbs（2002）所揭示的，反语的所述与所意指之间存在对立关系，说话者声称对某事具有积极态度，实际传达的是消极态度。

不过，笔者不反对Holdcroft（1983）认为反语也可以是诙谐和深情的。笔者也赞同Winner 和 Garder（1993）、Attardo（2000）、Kotthoff（2003），认为反语亦可表达积极评价。比如，反讽不是用于直接的人际交流，而是用在其他语域，如文学作品，反讽可以表达积极评价。反讽用在文学中能增加作品的感染力，使社会批评效果更佳。

反讽与低调陈述都是间接言语行为，但是反讽因其反义、不一致性、矛盾性，令人难以置信，因其否定性和质疑性令人倍感伤害；而低调陈述尽量弱化矛盾、减少冲突、减低强度、减轻伤害，缓和问题，因而比较容易让学生接受批评。在文学作品中，反讽与低调陈述结合使用，使作品更耐人寻味。如，海明威的作品堪称反讽与低调陈述的典范。他的作品就是以反讽和低调陈述进行社会批判，因而剖析淋漓尽致，入木三分，影响深远，为人称道。但从学生视角的教师批评语料看来，对于学生，反讽对接受者的面子的威胁比直接的言语方式要大得多，学生把此归于最难忘、影响最大的不当批评之类。

无论使用反讽、夸张、直言还是低调陈述，凡是批评话语都会对接受者的面子产生威胁，只不过有程度差异而已。反讽会令人感觉说话人不真诚、不可信赖，让对方不舒服，无形中拉大彼此距离，反而强化师生之间的冲突，因而难以说服、影响或改变学生的行为或看法，难以达到教育效果。夸大问题、缺点，让学生觉得教师小题大做，非仁也。直言真实，但难听，令人难接受。

前面提到，夸张也能构成反讽。通过一种夸大其辞的手法来实现（胡曙中，2004），故意把话说过头的“夸大陈述”（overstatement）也可造成不可靠的叙述（汪正龙，2007）；夸张式反讽是用夸张的方式，通过夸大陈述的方式，点出其虚妄（张福萍，2007）。可想而知，如果教师批评学生采用夸张式反讽/反语，突出荒谬、反差，对学生的杀伤力一定无以复加。

从学生视角看教师的批评话语，反讽对听话者的面子威胁无疑比直接批评方式更强。反讽有其无穷魅力和威力，尤其适用于文学、诗学、政治、外交等语体，但笔者认为在教师批评话语中，在日常人际交流会话中，在中国的教学中，少用为上策。

反讽在西方文化中有着悠久的历史传统。从古希腊文化开始，反讽就作为一种言说方式和修辞技巧一直影响和塑造着西方人的思维方式和行为表达，成为西方文明现代性的一种主要标志。米克（1992）认为反讽是“世界上最深刻、最迷人的东西”。可以说，反讽作为西方文化的核心质素和主要表征之一，与西方的文化发展一样历史悠久。而中国古代儒家传统的文化思想资源提倡实用理性，天人合一。人们的思维方式和行为表达追求和谐、圆融、中正，很难形成一种矛盾、悖论、含混和多元化的思维方式，因而也就缺乏一种产生反讽的思想资源与文化背景（龚敏律，2007）。这可以部分解释为什么中国学生不喜欢教师用反语批评的原因吧。

这里可能还需要区别一下讽刺和幽默，以及讽刺和反讽。幽默与讽刺不同，它更为委婉风趣。如，对之前缺席的学生说：You missed my class and I missed you very much. 班上学生能从双关语中品到诙谐和幽默，也感受到教师的关爱和关注（胡丹，2009b）。讽刺和反讽有相同之处，也有不同之处。相同意义都是说反话，不同之处在于，讽刺更直观和外露，更显挖苦、嘲讽、攻击性；而反讽比较含蓄地间接地传达批评倾向，用赞美的肯定形式来表达批判的否定内容。反讽手法的运用，使直接而尖刻的嘲笑带上了含蓄的特点，语气虽不那么激烈，却同样具有很强的杀伤力。

下面有几则采用了讽刺或反讽的A类教师批评话语，异文同析：

你要是觉得你的行为能对得起自己的良心，那你就继续用父母的血汗钱潇洒下去吧。

这个题目都不会啊！如果你觉得放弃“舒服”些，你就放弃吧！如果你自己都跟自己过不去，你说怎么让

你这么累，就继续睡吧！

我的课，你就别来上了，接着出去打篮球去吧。

听说你是你们班上学习最好的。就你还是学习学习最好的，这道题都能做错！

你这样还想考重点？就连普通学校都没用你的份。

就你们这样还考啥大学？

你这样学习态度，还能拿到一等奖学金不成？就你这水平，不是小看你。

以你现在的状态，要是能考上，我就爬给你看！

谁说你们没毅力啊，你们是很有精力的，你们就能长期坚持上课说话。

你是不是觉得自己很行，作业不做成绩也不错。你们就不好好学习吧。

你是班上第一，你在学校，在市里考第一了吗？

该生成绩稳定。（该生已连续多次是该班最后一名）。

我教书多年了，你们是我见过最厉害的一届学生！我服了你们。

怪了，步骤全错，答案却对了，你们是怎么想的？

他真的很聪明，是我们班最聪明的。

人家全对不容易，你这错四首更不易啊！你不是平时愿意多说话吗，能者多劳。

干了些什么，其他人正努力复习，而你闲得无事做，是不是都复习好了，到时候大家考得好，而你考废了

你现在怎么变成这个样子了呢？教室里怎么尽是南瓜啊？

怎么不把脑子忘在家了啊！

我眼睛高度近视，看不到你们。你们太忙了？找工作，找到没有？没找到工作，又没写作业，那你们干嘛去了？

以上的反讽例句，句句如针，针针见血。“就你这……，还想……”“你就（继续）+ 负面词语”的构式是教师用于批评学生时的典型的反语结构。前者讽刺挖苦学生不付出努力，却妄想出人头地。后者则是故意说反话。其实，让学生继续将错进行到底肯定不是教师的真实意图。再如：“假如你能考上大学的话，我就爬给你看。”很明显，这句话具有正话反说的性质。表面上肯定实则否定，在恭维中暗藏杀伤力。大多时候，教师说反话，其实是激将法。但教师的这番良苦用心，不为学生理解和接受，他们觉得是教师对自己的蔑视、羞辱和否定。因而，他们记恨、赌气，为让教师的断言落空，拼命努力，最终成就了自己。即便如此，他们还是不谅解教师。即使学生知道教师说的是反话，但因为学生本身对自己就信心不足，对自己表现不佳颇感内疚，本来就有心理压力，结果教师又触动他们的痛楚，这就导致学生更加反感、甚至仇视教师。

尽管用反讽批评学生，也是间接性言语，但反讽话语的态度与真诚相悖；与低调陈述间接性言语相比，反讽明显增强了对人、对事或对物的否定性和怀疑性。Kierkegaard认为反讽是“一种绝对无限的否定”（Booth, 1974）。Grice（1978）声称：“反讽与某种情感、态度或评价密切相关。除非我的话欲反映一种敌意或贬损性判断或诸如愤怒、蔑视之类的情感，否则我不会使用反语。”Leech（1983）亦指出：“反讽就是彬彬有礼地指责。”Sperber & Wilson（1986）更是断言：“反讽话语表达的态度无一例外地都是拒绝接受或不赞同。”

Barbe（1993）认为：“批评是反讽的主要目的。即使亚里士多德所称的通过责备来表扬的手段的确存在，其使用频率很低。”笔者认为，对负面进行评价是反讽的主要特征。即使说话者用反语表示赞美、积极评价，但是，对听者来言，反语听起来总是缺少点诚意，容易使听者觉得是嘲笑、戏谑、开玩笑。因此，笔者不可贸然使用反讽表示欣赏，以避免造成不必要的误解，影响彼此关系。

教师使用反讽时，可能就其个别现象和状况表示态度看法，但学生却认为是对他本人绝对的、彻底的否定。学生在学习压力很大、自己状况不佳情况下，更为敏感脆弱，容易人格分裂，陷入自我认同危机，教师反讽只会加重他的心理负担。笔者调查的对象都是考进了大学的学生，他们都觉得教师的反讽批评对他们有伤害，想必对于那些没有考进大学的人而言更会是如此。

近些年来，笔者持续在不同年级的翻译专业班学生中进行四种批评语气（直言、反语、夸张、低调陈述）调查，发现学生一般都不喜欢教师采用反讽式批评话语。如，学生明明考得不好，教师故意说：

> 你真是考得好啊！你可真是我们班上的“第一名”。
> 你确实是表现得太好了，好得让我无话可说。
> 看看你的杰作，真是胜人一筹啊。

教师故意说反语，想以此激将学生认识自己、认清形势、幡然猛醒，结果却不为学生理解，这似乎是对教师最大的“反讽”。当期待与现实对立，现实、现状与教师所言形成强烈的反差，那是最具反讽性的，因为教师更添失望，学生倍受嘲讽、挖苦、责难、轻视与否定。因此，教师用反讽批评学生，一定要慎之又慎。

5.3.3 夸张

夸张是与低调陈述相反的修辞格。夸张是把话说得比真实情况过头，可谓言过其实，甚至到了荒谬的程度。文军（1991）认为在语言表达的过程中，人们可以从主观出发，有意识地将事实夸大，以达到强调或突出重点。所以，夸张这一修辞手法往往注重深切情感的表达，而不太注重客观事实的记述。夸张的运用范围较广，一切无形无色无味的东西，人类情感或心态变化，以及人类触觉和嗅觉所能感受的一切事物，均可使用夸张来表达。同时，夸张也具有诙谐、幽默、挖苦、讥讽、褒贬等功用。但是笔者认为适宜性就要看夸张用于什么语域，用于什么场合、对象、为何目的等。比如：“A Red, Red Rose”是英国著名诗人彭斯的一首著名爱情抒情诗，摘录如下：

Till the seas gang dry, my dear.
And the rocks melt wi'the sun;
O I will luve thee still, my dear,
While the sands o'life shall run.

正是因为诗人恰入其份地运用夸张这一修辞手法对爱情进行描述，

才使它成为家喻户晓、千古流传的佳句。

正是因为平铺直叙的语言有时难以准确地表达出人物丰富多彩的内心世界，我们需要使用夸张性词语生动形象、淋漓酣畅地抒发情感表达态度。或者我们需要夸张，引起众人注目，取乐逗趣。

但是，教师批评话语，一定不可以刻意渲染，太夸张。据此调查研究，笔者发现A类批评话语充斥着许多强化词语以加重对负面问题批评的强度，或采用大肆渲染的言语以增加对批评的重视。这种过度批评会让学生徒增自卑感、挫败感，甚至绝望；会让学生觉得教师不可理喻、言过其实、不真诚、不可信。如：

现在还不醒醒的同学这辈子都醒不过来咯，到时醒了可就晚了

怎么让我等这么久？早到一点会死啊？

这是课堂不是菜市场，吵死了。不想上课就滚出去。

这点小事都做不好，以后肯定没有大出息。

你还不认错，我告诉你，就你这个样，一辈子难成大事。

学习态度这么差，将来一定不会有什么出息。

你这样，永远都没有大出息。

居然考这么点分，你让我面子怎么下得了台？

你的脑袋里是不是全是浆糊？怎么这么不开窍？

真不知道你脑袋瓜里装的是什么？这道题这么简单，班上竟然还有那么几个人做错。

这么简单的数学题你都做不出来，还读什么书啊！

你知道什么，什么都不知道。

你脑袋那里到底装的是什么，真想剖开看看。

教了你们这么多遍都还学不会，真是猪脑袋。

以你们这样的状况，连北大的门你都摸不到。连北京都去不了。张三，李四，小明，小强，你们几个

成绩也是有史以来我见过的最低分。这么简单的试卷，怎么能考这么低，真丢了祖宗十八辈的脸了。

我教了几十年书，你们班是我所教过的最差的班级。

都读大学了，连这都不知道？

学了十几年的语文，连最基本的东西都不知道，自己打自己耳

光吧。

扫地都不会，你还会干吗呀？

烂泥扶不上墙，再努力也没用。

我们班上出现了一只长颈鹿，伸长脖子，四处张望（考试作弊偷看）。

你的论文简直不叫论文。

你们的脑子用来干嘛的？牛教了三遍都会耕地，我都不知道你们是吃什么长大的。

你们读什么鬼书，讲了八遍都不懂！

以上话语显示出教师主观化、感情化、情绪化；显然是对学生批评过重过头，因为小问题被无限放大，严重性被极度夸大，一个小错竟然会导致对整件事、整个人、所在集体或学生未来的全盘否定。消极负面的事物与人被夸大后更显怪异、更被丑化，批评语气更为严重，甚至更具讽刺性。一般来说，普通人希望大事化小、小事化了。更何况，谁愿意自己的不足被无限放大受嘲弄呢？本来做错事就心虚，又被批评就够丢面子，结果问题还被夸大化、绝对化，学生当然从心底里不喜欢，委实不服气。这就解释了为什么学生都把A类中的夸张方式的批评话语修改为低调陈述。因此，不同于文学作品，教师批评话语要慎用夸张，教师务必慎重考虑学生的心理和社会人际效应。

5.3.4 低调陈述

低调陈述修辞格现象是一种较为普遍的语言和言语现象。鞠红在《英汉低调陈述修辞对比》一文中认为汉语中与英语低调陈述较为契合的修辞格是婉曲。为了理解低调陈述，请先看以下词典对低调陈述的释义：

《韦伯斯特英语百科全书辞典》（1996）对“understate”的定义为“轻描淡写；含蓄地表示、弱说”（to state or represent less strongly or strikingly than the facts would bear out; set forth in restrained, moderate or weak terms）。《钱伯斯英语词典》（1995）认为低调陈述是“婉言、曲言；艺术地低调陈述、描述或使用”（to state more moderately than truth would allow or require; to state or describe or to use artistically without emphasis）。《朗曼现代英语词典》（1976）把低调陈述定义为“略说、弱说，常常作为取得效果的文体技巧”（to represent as being less or less important etc. than is in fact the case, often as a trick of style for effect）。《韦伯斯特第九版新学院词典》（1984）称低调陈述为“轻描淡写；审慎陈述为达到更大效果”（to represent as less than is the case; to state or present with restraint esp. for greater effect）。《牛津百科全书英文词典》（1991）把低调陈述定义为“谨小慎微地说；轻描淡写”（express in greatly or unduly restrained terms; represent as being less than it actually is）。《世界书籍词典》（1981）把低调陈述称为“过于弱说，常用于幽默和其他效果；非直白地表述”（1. a statement that expresses a fact too weakly or less emphatically than it should, often used for humorous and other effects. 2. a statement that says less than could be said truly.）。《新牛津英语词典》（1998）称低调陈述为“正话反说”（the presentation of something as being smaller or less good or important than it really is）。

以上词典释义清楚表明：首先，低调陈述既可以对好的方面作低调陈述，也可以对不好的方面作低调陈述；其次，用低调陈述是为了增强艺术效果、制造幽默或获取更佳表达效果；另外，低调陈述采用不同方式，如：轻描淡写、含蓄地说、婉言、曲言、弱说、略说、谨小慎微地说、隐晦地说、非直白地表述、正话反说、反话正说。简言之，低调陈述突出抑贬、降格表述。通过与其他修辞格比较，可以更清楚地了解低调陈述。比如，与夸张（overstatement）修辞格相反，它显然降低话语评说程度或强度。与反讽（irony）相比，它更和风细雨。与委婉语（euphemism）相比，两者相似之处，都是用婉言替代负面直接表述；不同之处，委婉语更突出避讳赞美，而低调陈述以婉言对人、事物、事件的不足和问题进行降格评述，或在形式上弱化批评或赞美（胡丹，2007a, 2011）。

笔者（2011）认为从语用学的角度来说，低调陈述是一种间接言语行为，它传递的信息并不是它的字面意义，它具有隐含语用用意或施为用意，能产生言后效果。低调陈述的以言行事用意或施事用意就是低调评价，或批评指正问题。

李鑫华在《英语修辞格详论》（2000）中说：“从语用学的角度来看，‘低调陈述’的语言功能可分为两部分，‘低调’侧重于‘感染’的（affective）功能，‘陈述’偏重于认知性的（cognitive）功能，低调陈述是在‘表事’、‘表情’两种语域中都有偏重的修辞格，综合起来看，低调陈述既陈述一个事件、给人以信息，又用‘低调’表达说话人的感情色彩。”

国外研究低调陈述的专家Hübler（1983）出版专著从社会语言学和语用学角度对低调陈述进行了系统和全面的研究。他认为低调陈述修辞具有狭义和广义之分。狭义的低调陈述是指用否定词、词缀或双重否定等来表达肯定语义或弱化负面意义；而广义的低调陈述包括一切旨在减弱说话者力度的方法（device for attenuating the strength of utterance, Hubler, 1983）。他认为低调陈述是一种间接言语行为，是维护对方社会面子的交际策略。

国内研究低调陈述的学者鞠红（2002, 2003, 2004, 2005, 2006）对低调陈述从心理学、社会学、语言学、语用学等不同角度对低调陈述作为言语行为的语用策略进行了研究，分析了人们在言语行为中选择使用的作为语用策略的低调陈述的定义与类型；探讨了低调陈述语言使用的顺应性特征，认为低调陈述是与语言使用者的心理世界、社交世界和物理世界相互顺应的结果。

Giora（1995）认为低调陈述的否定标记并非是为了否定某个观点，而只是为了淡化语义，暗示字面义与言下义之间的差异。Leggitt & Gibbs（2000）认为低调陈述可以用来表达说话人愿望、想法和见解，引起较肯定的情感（evoke more positive feelings）：不具敌意和威胁、体现谅解、较少蔑视。Yuan（2000）认为大约一半的批评和建议都运用了维护面子策略（face-saving devices），低调陈述是其中的一种策略，减少了批评和建议的否定力度。

上述的专家学者对低调陈述的观点都有参考价值。笔者认为使用低调陈述是批评话语中的润滑剂、解压阀、平衡器。它使批评显得有理有节，有张有弛，因为低调陈述具有下面的优势：

1) 从叙事角度表达隐性评价。
2) 添加语气词，能使语气缓和。

3) 反话正说、正话反说、重话轻说、旁敲侧击；肯定整体，指出局部不足；以小明大，曲径通幽。
4) 避用否定词语、句式；去掉强调词语，运用情态词、直接缓和词语、模糊限制语（hedges）或削弱词语，低调表达否定意义。
5) 用虚拟语气、或是用修辞问句，将否定意义蕴含在字里行间。这种有否定之意而无否定之形的表现形式，使否定变得礼貌得体。

下面分别以实例阐释低调陈述所具有的优势：

1) 从叙事角度表达隐性评价。

低调陈述用于批评话语，就在于以抽象代具体，以事/物代人，旁敲侧击，让人触类旁通。不是扩大问题而是缩小问题，是总体肯定，局部指正。正因为如此，低调陈述虽然含蓄内敛，但是关系明了，语意明晰。低调陈述，选择的视点可以多元或独特新颖，这是直接话语所难能达到的境地。为了对方接受意见，说话者尽其所能，换位思考，移情审视，把话说得恰当得体，让人易于和乐于接受，对对方产生影响和效果。比如："语音不准，赶快加紧纠正。"和"多花点时间练习语音。"这两句话都是评价语音问题，可是前者切入点是问题，非常直白，让人一时难于接受；后者切入点是努力方向，注重了对学生的尊重，以学生为本，以学生为关注点，给予适当指点。再如：You could have done better. 其实表达了从不同视角看待不同学生，辩证看待后进生和优等生。它对没做好的同学是一种鼓励；对干得出色的同学是一种鞭策，激励他们都更上一层楼。这就是低调陈述的见仁见智，柔性张力。低调陈述给学生提供了多维的思考感悟空间，无疑带来不同反响的教学教育效果。

2) 添加语气词，使语气缓和。

众所周知，批评显然对人的面子造成威胁。教师对学生的批评，较之同学、父母、其他人的批评，更为威胁学生的面子，更易伤害学生的自尊心。尤其在课堂上批评学生时，教师不可采用过激和主观的言语，而是需要使用缓和语势的低调陈述来维护受话人的面子，如："你们错都错得一样，就是互相抄袭。"与"你们怎么会错的是一样呢？"同样是批评，但产生的效果是截然不同的。因此，教师更需善于利用低调陈述批评教育学生。

3) 反话正说、正话反说、重话轻说、旁敲侧击；肯定整体，指出局部不足；以小明大，曲径通幽。

   如："现在你这个状况，不是能力、水平、智力问题。"虽没有直截了当地批评"态度差"，但学生能体悟到，即使受到批评，还是对自己不失信心。

4) 避用否定词语、句式；去掉强调词语，运用情态词、直接缓和词语、模糊限制语（hedges）或削弱词语，低调表达否定意义。

从语言形式上看，低调陈述是一种委婉和缓、礼貌的话语，多采用低调、间接性话语评论。它常采用litotes, meiosis, euphemism等修辞格，或通过使用模糊限制词语或结构对话语中信息的真实程度、涉及范围等进行修饰，以降低负面效应，避免批评不当、伤害学生或承担相关责任。比如：借助于一些程度缓和副词，如："一点""稍微""些""较"；借助于一些句式，如："好好+V""下次再+V/Adj.（褒义）点"等。这样能缓和语气。

低调陈述还可用比较级表示最高级语义；或用比较句表达否定含义；双重否定表示肯定等，以这些方式含蓄礼貌地表达批评。如：

人挺聪明，就是懒惰了点（意为：很懒。总体肯定，部分否定）；

要更认真（意为：没有认真。批评 + 建议）；

不是不好（意为：好。不过，还有言外之意）；

要是你注意内容充实，条理清晰，文章就更吸引人（意为：内容不充实，条理不清晰。批评指正）。

在一些情况下，若涉及到否定评论时，教师批评学生最好避免使用过强词语。在前面章节讨论中，笔者已论及过A类批评话语的强势累加韵律。A类语料显示，当学生做错或考得差时，教师较多使用“简单”形容题目或考试，这样无形中更显学生的无能、无知或笨。而学生在C类修改中多体现为“难”，并用比较级或模糊语修辞加以缓和，礼貌回应前面A类的“简单”。比如，针对A类教师批评话语：“这道题这么简单，你们怎么还不会做，真是不知道你们是怎么学的？”学生做出的相应修改话语是：“这道题可能有些难，能不能再试试别的办法解答？”

可以说，低调陈述是一种隐性批评、积极建议。它具有反馈、导向、激励、教育等功能。

当发现班上一些学生，特别爱一起去玩电脑游戏，以至于荒废学业时，教师说：“不要一味地锻炼自己的手指，也要锻炼自己的大脑。”在这段话中，教师没有直接用“不许”“不准”和“严禁”等词，限制和约束学生玩电脑。而是说“不要一味地锻炼自己的手指，也要锻炼自己的大脑”。这显然更为委婉动听，不会引起学生反感和抵触，更容易使他们依从教师的指教行动。

再如：“与其在课堂上开小差、讲话，不如好好静心听课，增长知识。”这样，教师避免了明确的否定，而是隐性表达了批评态度、提出看法。这样显得灵活和留有余地。譬如：“你不过是这次考试不及格，以后你要努力。”严格意义上说，加了缓和词“不过是”和没有加，话语意义有所不同：一个淡化问题，寄予学生未来；一个突出问题，警示学生努力；一个委婉，一个直截了当；一个让人舒服、不失信心，一个让人难受、心情沉重。

情感语境中言语互动行为最凸显的部分是意向信息情感倾向性，情感认同是意向生成的必要条件，同时，它也是行为效果的有效保证。情感对行为的推动作用一旦被普遍地接受，就可能被规约为某种响应期待（compliance expectation）：言语行为者期望行为对象做出自己预期的、相关的回应。在包含多项特征的复杂情景中，言语行为者所期望的响应难度很大，于是情感成了极其重要的推动力（鞠红、戴曼纯，2006）。

值得注意的是，在C类话语中，学生期盼的教师批评话语是教师要反思自己的教学。“这么多同学都做错，是不是我的教学方法有问题？让我们一起讨论一下问题所在，做出正确解答，好吗？”倘若教师不是一味怪罪学生不开窍，而是从自身找问题，师生就能彼此切磋协商，共同解决问题。教师能够理解学生，以平等的姿态对待学生，这对学生更容易产生情感驱动力，从而有利于师生进一步互动、相互认同，并促进教学目标的顺利实现。

情态是表达命题的一种固有的语用现象，它表达了交际者的态度。如一些情态词的使用能使话语显得更加委婉，弱化了教师对学生的失望与不满，顺应了学生心理渴望受尊重的需要。

教师批评学生时，常常喜欢说："不知道你们成天干嘛，你们这样对得起你们父母吗？"这种对学生一概否定的批评话语，一般不为学生接受。其实大可不必这样上纲上线、不着边际地质疑学生。如果采用建议方式，比较实在、有用，也更有效。例如："如今，人才市场竞争激烈。与其蹉跎年华，不如赶紧用知识和能力武装自己。"批评之意隐含在话语中，没有指责抨击，没有显示不满，也没有咄咄逼人，而是顺应社会现实和人的心理，有礼有节，开导启迪学生。

笔者发现，C类学生修改后的教师批评话语，的确明显多了许多情态词语、缓和词语、模糊限制语，少了否定词或句式、强势语。一些言辞激烈、夸张其词、嘲讽反语改成语气和缓的低调陈述。这样使得批评话语语气缓和、礼貌、通情达理得多，减少了武断、专横、强加意志的感觉。如果批评时，淡化语气，便增加了认同的机会，学生会愿意接受，因此容易达到良好批评效果。低调陈述已成为人们，尤其是教师，选择和使用的一种批评语用社交策略。

用虚拟语气或是用修辞问句，将否定意义蕴含在字里行间。这种有否定之意而无否定之形的表现形式，使否定变得礼貌得体。

虚拟语气其实在有些情况下是一种隐含批评方式。例如："要是你更仔细点，多下一些功夫，实验结果会更理想。"这句话隐性批评学生没有尽心尽力做实验，希望学生有所改进。这样既不伤学生面子，又达到了教育学生目的。

"如果我是你们，我会先反思一下我为什么老记不住，尝试不同方法，找出最佳办法记住，不再犯错。"教师通过借助虚拟语气委婉批评，平和规劝，从而实施感染说服学生的言语行为。

再如："你们可不可以互相交流一下彼此意见和看法，互相理解和谅解？"这句话隐含学生之间有争议或分歧或不满，但是教师没直接批评他们，也没说谁不对，只是以征询的方式建议他们如何做，从而达到了低调陈述的批评语用目的和效果。

但必须注意的是，低调陈述受语境影响。制约低调陈述的选择因素有：场合、对象、话题、目的、语体、文化心理、价值观等等，但其中最重要的因素是场合、对象（鞠红，2005）。因此，必须根据不同的场合、对象和所预期达到的交际目的，调控话语形式，以求最佳语效。

Hübler（1983）把为维护面子的低调陈述修辞手段按其有效性的程度不同依次排列为：predicate negation > detensification > modal expression > assertory question 。他认为由以上四种的任何一种方法所组成的低调陈述就如同经过细致调试的乐器一样，结合使用这些方法会进一步增加其效果。这就使得说话者不仅仅只是能运用负面面子功夫去抵消威胁面子的行为，还可以根据威胁面子行为的严重性程度来选择有效的维护面子的低调陈述修辞策略。发话者使用有标形式既可以成功地表达批评或表扬的语义，又可以让受话人在理解发话人意图中起主导地位。根据Verschueren（1999）的观点，心理世界主要涉及交际者的性格、情感、信念、意图等心理因素，进入交际语境的心理因素主要有认知因素和情感因素两类，说话人选择语言的过程正是顺应自己和听话人的心理世界的动态过程。王希杰（1996）认为：“心理世界”语境是最深层次的语境，它对交际言语是否得体起着关键的作用。低调陈述作为交际过程中所选择的一种语言策略，也是对交际双方心理世界的一种顺应。

批评话语选择不是任意的，要考虑学生接受的程度及取效问题。低调陈述在作为评价方式论及负面问题时，常不直接指出，而是间接触及，或降低问题严重性，比较尊重和顾及对方感受。虽然是关于负面问题，但态度礼貌，更为重要的是比较积极主动地调适局势。例如：

一位学生火药味很浓地质问教师：“为什么你和我过不去，非让我不及格，害我拿不了奖学金？” 这句话含有一个语用预设：教师和他过不去，害他。其实，这不是客观事实，是学生的错误语用预设。若教师赌气斗狠回话：“怎么的，凭你这态度，就该不及格。”这非但不能解决问题，还增加师生之间的误会，加深矛盾。若直接陈述事实："我没有和你过不去，我也没害你，是你自己考不及格，还怪教师，真不知好歹。"这样虽然澄清自己没有责任，可是却让学生无地自容，对解决问题无济于事。但若换用低调陈述说："同学，你实际考得怎样，你不妨申请查阅试卷。据我所知卷子是由教师集体批阅和反复核对后上报的。"这句话虽然没有直言学生考试不及格，但其实蕴涵了此意，而且还暗示你考试不好，不是我个人行为，是客观事实。不过教师的话语和缓，合情合理，让紧张的气氛得以缓和，促使学生冷静下来，思考自己的问题。可见，话语不同，产生的语用效果也会大不一样。

进行否定性评价，需要教学机智和智慧。声色俱厉地批评学生，会严重地伤害学生的自尊和自信心，会引起师生的敌对和冲突，结果适得其反。如果不批评，对不良的言行听之任之，那必然会给学生造成负面影响，如果积重难返，后果不堪设想。

其他不同调查同样佐证低调陈述在评价话语中的作用。近五年来，笔者都对所任教的本校班级学生进行现场调查："假如你考试不及格，你期望教师如何告知？请用文字表述。"结果发现，除少数同学用直言或反语，绝大多数同学都采取了委婉、低调陈述方式。如："我知道你努力了，但这次考试成绩不理想，相信你下次定会过关。""如果你以后注重基础知识的掌握和运用，那不仅是成绩提高，而且能力和水平也会提高。""你没有正常发挥你的水平，下次放松心情应考一定不成问题。""你可以做得更好，如果你态度认真，肯下功夫。"从中可以看出，学生不愿意教师明说他们不及格。即使他们不及格，教师最好先能给他们一点肯定，再指出不足；或者即便指出不足，但是教师最好承认他们的潜质，显得仍对他们寄予希望和期待，这对他们更有促进作用。

根据学生修改的教师批评话语，语料库数据显示出明显趋势：弱化词语大大增多。通过对语料的语用分析，笔者发现大多学生采用低调陈述，或是直言与低调陈述并用改写不当教师批评话语，完全没有再采用夸张和反讽方式。隐性批评，建议、要求、询问原因、希望、鼓励等代替了显性批评，把原来过分直露给学生造成伤害和不礼貌的话语变弱化或委婉，避开敏感、刺激性话题，尽量使语言得体，语意含蓄，问题点到为止。

Caffi（2007）说过，缓和语满足了实用和关系的需要，缓和语突出了话语中主体性。低调陈述中含有相当多的缓和语，低调陈述可谓是一种合适有效的文明的、合理的语用方式，一种师生共同喜欢的批评语用策略。

5.4 小结

本章探讨了修辞与语用、批评话语与言语行为，然后分别对直言、反语、夸张和低调陈述进行了批评语用研究分析。笔者认为低调陈述、夸张、直言、反讽都可以用于评价，表明观点、看法、态度。它们使用得当与否，与语域和语类有关。不同种类的批评（文学批评、学术批评、教师批评）应有区别。虚构的文学作品中，作者可以恣意极尽批评之能事，让社会或人性的丑陋、恶行等暴露无遗，予以强烈抨击，或极尽讽刺、鞭挞，或故意含沙射影、指桑骂槐。但在人际交流中，尤其是师生之间，教师的批评话语就要谨小慎微。正如常言道："改人之过勿过严，要思其堪受；教人以善勿过高，要令其可以。"批评学生要因人、因事、因情、因境而异。教师不能盲下结论冤枉学生；批评要有理有据，对症下药。教师可以暗示或启发学生引以为戒，但绝不可以讽刺挖苦、全盘否定学生。评价时要注意情感态度，人际意义中的主体性（subjectivity）和主体间性（intersubjectivity）的特征，顺应变化，注重批评教育正确导向。教师切不可借批评学生宣泄不满情绪、转嫁精神压力，造成对学生的伤害。

教师在批评学生时，一定要慎用反讽手段。即使反讽有时能起到激将法的作用，但若使用不当，留给学生心理的阴影，时光都难以消融。低调陈述和反讽都包含反话正说、正话反说。反话正说，突出人与事物、行为、状态等的积极一面；正话反说，强调人与事物、行为、状态等的消极一面。然而，正话反说、反话正说的反讽与正话反说、反话正说的低调陈述，最终产生的语感和语效截然不同。比如，低调使人感觉谦虚、谦诚；而反语让人感到虚假、不真诚。语料研究表明，反语和夸张应该尽量少用于批评学生，直接陈述可视语境而用，低调陈述比较适宜。

低调陈述是课堂教学评价语中使用频率较高的修辞手段，更是人们表情达意、发表观点、表明态度的一种语用手段、策略或艺术。它多用于对负面的评价，表述低调、含蓄、委婉。低调陈述的恰当得体使用能达到良好的表意效果和语用效果。如批评学生时，让学生保有尊严、不失脸面、不失信心，给学生鼓励，为学生指点迷津；表扬学生时，没有溢美之辞，使学生保持清醒头脑，不骄傲自满、得意忘形，鞭策和激励学生争取好上加好，精益求精（胡丹，2011）。

调查研究分析发现，我们必须重视A类教师批评话语和C类学生修改的话语反映出来的问题。学生修改的话语给我们提供了重要的参考依据，让我们更好地了解学生的需求，从而更好改进和提高教师批评话语。但是学生修改的话语中反映出一些语用问题和思想意识等方面的问题，我们对此不得不高度重视。比如，有的学生干脆直接写道："教师批评不得当，反正听了不舒服，我也不知道如何改。"有的学生说："教师的不当批评使我受到很到打击，不再敢回答问题，不想上那教师的课，恨教师。"还有的学生说："到现在都没有原谅教师过去对我的伤害。"这些都表明，教师批评话语不是小事，教师修养有待提高，学生认识水平也需提高。学生不仅要提高语用能力，而且要端正态度，正确对待批评，应像圣严法师所言那样，勇敢"面对它、接受它、处理它、放下它"。

从学生修改的教师批评话语中，笔者还发现，学生不反对批评，但更倾向于表扬鼓励。在作废的问卷中，除了少数是填表不完整，大多没写印象深刻、影响极大的批评话语，而写的是教师赞美他们的话。根据笔者的调查研究，就批评而言，他们倾向于采用低调陈述的方式。从社会语言心理学来说，低调陈述满足学生的面子需求、心理需要。采用具有弹性和有柔性的低调陈述话语能减少和降低否定和批评强度，这无疑有助于学生接受批评。

C类学生修改的批评话语大体反映出学生期待和需要的教师批评话语的趋势，但是学生的有些表述不太准确、不太连贯、也不太得体；有些太理想化。有些学生似乎注重情感的安抚多于注意批评内容质量的改进。学生期待那种过于理想化的教师批评话语，一是不太现实，二是很不利于批评发挥它的正常功能与作用，更不利于学生的健康发展。

我们应认真反思我国的教学与教育。教师不能以考试为重点和标准，或以成绩高低评判学生，而要注重过程教育，培养学生能力和综合素质。教师和学生要共同提高“语篇体裁意识”（genre consciousness）、语用意识、语用能力和语言艺术，闻思正见，不断进步。

第六章 教师积极批评话语模式建构

观察学生修改后的批评话语，笔者发现批评方式很多，并不像一般认为的那样明确指出缺点才算批评。批评有时根本没出现否定的词语，批评隐藏在陈述句中，通过陈述事实，不涉及具体人也能达到批评目的。从学生角度看，批评还可以先肯定、后建议，或直接以希望提出等等不一而足。

前面章节探讨过，Halliday等系统功能学派学者认为语言系统是人类用来表达意义交流思想的主要手段，但它又总是在一定的社会文化背景中形成、发展并发挥作用。Halliday 把他创立的系统功能语言学称为“适用语言学”。可见他何其重视语言的社会功能，并强调理论用于实践，影响和改变人与社会。

同样如此，批评语用学创始人Mey（1993）也是从社会的角度强调研究语言使用者在社会交往中应如何选择言语，使用语言时可能受到的限制，以及使用语言所产生的认知效果和社会效果。Mey重视考察社会语境中语言使用背后的意识形态、价值取向等问题，主张弘扬合适的社会语用方式。

借鉴他们的理论的互补性，通过观察比较分析大量基于语料库处理的A与C类的批评话语实例，笔者找出两类批评话语的相似点和差异，归纳不同类型的批评话语使用规律，探寻发现学生期望的批评话语特点。笔者从学生视角对中国教师批评话语进行客观的描写，通过功能–语用分析，揭示社会、教育、教学问题的同时，采取积极的姿态，提出解决问题的建议和措施：制定课堂教学评价原则，并根据评价原则构建得体的教师批评话语模式。

6.1 课堂教学评价原则

批评话语是评价语的一个重要组成部分。根据第三章中的问卷调查结果，可以知道学生普遍认为课堂教学评价语对他们影响很大或较大，而根据A与C类教师批评话语进行的功能-语用研究，可以发现教师批评话语比较空泛无物、单调乏味、缺乏高质性的批评，难以达到较好的批评教育效果。这促使我们思考制定评价语的原则，基于这些原则，构建具体的、易操作的积极的教师批评话语模式，以改进提高教育教学水平。

董奇（2003）在“新课程与教育评价改革译丛”《促进教学的课堂评价》一书的总序中写道：教育评价改革是素质教育实施中的一项系统过程，更是一项关注学生未来发展的“希望工程”。他呼吁社会各界都来参与、关心和支持我国的教育评价改革，促进所有学生积极、主动地发展。

课堂教学评价语使用得当与否往往直接影响和决定教学效果。使用教学评价语不同，即使采用同样的教学方法，达到的教学效果也会不同。教学评价语运用是教师教书育人的一种方式；教学评价语运用得当是教师业务水平、教学能力、教育智慧、教学艺术综合实力的体现。

评价语，尤其是教师的批评话语，在教书育人方面产生的影响和效果不容忽视。根据多年来的调查研究，针对教师批评话语的现状和存在的问题，笔者特提出“四性”评价原则：**针对性、导向性、灵活多样性、得体性**（胡丹，2009a）。如果教师遵守这样的评价原则，就能创造积极向上、亦庄亦谐、活跃开放的教学氛围，促进学生拓宽视野、扎实学习、完善人格、提高素养。

6.1.1 针对性

教师的评价语要让学生受益、佩服，教师评价时既不能空泛赞美一番，也不能断然否定学生的回答。尤其对于开放性问答题，评论不能简单地说声“好”就了事，也不能简单地以“对”或“错”来判断，而是要基于学生的回答情况，有针对性地评说。可根据具体规范和标准评析，比如，写作，可以涉及思想内容、目的、组织结构、选材、视角、风格、措辞、句法、语气等方面。

另外，有针对性的评说，表现在对学生个体情况的熟悉了解。针对学生的个性、心理素质、学习能力、学习水平的不同与差异，因人而异有的放矢地评说。评价时，切忌不顾青红皂白，不加思考，不作选择，随心所欲进行评价。如果只关注学生在课堂上的成绩和表现，不了解学生课外的学习、生活以及思想和情感的基本情况，教师的评价语就很难打动他们的心弦，难以调动学生的学习积极性。

因此，对于学习有困难的学生或成绩明显差于其他同学的学生，教师应当不要把他们跟别人比，而与他们自己的过去比，找出他们的闪光点，加以鼓励，打气加油。

6.1.2 导向性

事实上，任何课堂上教师的评价语都有一定的导向性。有价值的导向性，有问题的导向性，也有思维的导向性，当然还有情感、语言等方面的导向性（林良章，2003）。课堂教学评价语应为学生指点迷津，帮助他们启迪思维，开阔眼界、促进他们的全面发展。

在进行课堂教学评价时，教师的评语应显示一种倾向，营造一种氛围：即，积极思考、积极参与、创新思维、大胆探索、勇于尝试、不怕犯错。让同学切实感受到，只要抓住机会多尝试，每一次锻炼，都会有所进步和提高。即使到了大学期间，学生的认识能力、分析能力、解决问题能力、情感和态度仍然处在发展阶段，需要教师通过有针对性的评价来引导学生积极向上，健康发展。

无论学生表现好坏，教师应注意以积极的态度，而不是消极的态度对待。教师要循循善诱，要用耐心、真心、诚心、爱心引导学生改进学习方法；引导学生发现自我、挖掘潜力、不断建立自信、提高技能、增强能力，逐步迈向成功。教师的评语应当让学生知道如何扬长避短，弥补不足。通过教师悉心引导，学生明辨是非能力增强，观察事物的角度更全面，更知道把握机会锻炼自已、提高自己、完善自己。

6.1.3 灵活多样性

教师的评价语应顺应学生在课堂上的表现不同而自然变化。教师的语言丰富多彩、生动形象、言之有物、耐人寻味，学生自然受到熏陶和感染。点评要展现博学多才、智慧机智、风趣幽默。可采用例证、对比、引申、比喻、定义、分类、概括、细化等方法评论。可结合课本，也可结合课本外相关知识，联系实际，广征博引，评说论道，显示更为开阔、开放、多样化，让学生体验学习的乐趣。

6.1.4 得体性

在课堂上教师对学生进行评价时，必须把握度和量。首先教师要非常熟悉教材，专业扎实，且知识渊博。另外，还要了解学生的个性、心理素质、学习能力和水平、学习态度。教师应储备充足的知识与能量，积累丰富的教学经验，有坚实的理论指导教学实践和教学评价。能充分预知可能出现的问题，有较强的应变能力和高水平的教学机智，能对学生的表达和表现瞬时准确作出判断并给于恰当的评价。

教师评价语会导致学生认知、情感以及行为的转变，得体恰当的教师评价语应充满人性化的情调。教师应以发展的目光看待学生，以学生为本。不管赞美式或批评式评价语，教师的话语应让学生感到教师的真情实意，对学生的尊重、了解、理解、关爱和期望。充满人性化的评语，绝不会主观片面地把学生看死。既使是批评，也不会让学生受屈辱，丢面子，失去自信心。得体恰当的批评切忌过度、过严、过急。不能把学生批得“体无完肤”，一定要掌握好度，合适宜。否则，过犹不及，事与愿违。

进行人性化的评价，还需善于发现学生回答问题的闪光点，敏感察觉学生关键问题所在，适时得当地评价与矫正。不管对一般问题或特殊问题的回答或选择性答案，予以评价时都需酌情处理。对一般性问题，尽管多是yes or no的回答，根据学生的声音大小强弱，教师都可看出问题。比如，教师可以评说：你们微弱的回答似乎表示你们不太肯定，有疑惑，还是情绪低落？若是对特殊问题这类开放性问题的回答，教师更是要以开放的态度，开阔的视野，丰富的知识来评析。当即就学生的发言和讨论进行精辟的点评，教师需要全神贯注聆听，要以清晰的思路、严密的逻辑、得体的语言给学生树立好的榜样。

当然，坚持“四性”原则，进行适时、即兴的、得当的、恰如其分的课堂教学评价，绝非易事。这需要教师有深厚的学养、深刻的思想、丰富的教学经验、灵活的应变能力，还需要有一套可操作的话语模式可供参考。

基于学生视角的教师批评话语的功能–语用研究，根据“四性”评价原则，笔者构建以下便于操作的教师积极批评话语模式，提出具体的教师批评语用策略。

6.2 教师积极批评话语模式

课堂教学语言，无论是评语、或是陈述、或是请求参与教学活动等等，其话语目的多在于让学生做某事，或不做某事，具有对受话人言语（或非言语）行为的驱使性。更不用提批评话语，它是要学生做出改进或改变的话语。鉴于批评话语对受话人的面子是一种威胁行为，教师要重视学生的思想情绪和心理需求，尊重学生，体现人文关怀。要寻找恰当的批评方式，让学生心悦诚服地接受批评，受益于批评。

一般来说，人们都不喜欢被他人批评，因此，有必要研究怎样批评才为人心悦诚服接受，特别是要研究批评的内容和方式。了解学生的想法、喜恶和内在需要，关注学生的反应、情感和态度，体会学生的心理与感受。

从回顾教师批评方式与学生期望的批评方式的不同，笔者发现原来教师批评学生时更多考虑是教师自己的感受，更注重让学生清楚明了教师如何对他们不满意，而很少从学生的角度考虑“怎样说学生才能更好接受”“怎样说才更有利于学生受益”。

根据C类学生修改的教师批评话语的大量语料，笔者观察到学生明显的倾向：多采用低调陈述问题，一分为二看待问题，语气委婉和缓，喜欢以提希望、建议、表达相信（以后行动或行为）来取代A类教师批评话语中的的直言、夸张、反讽，表现出一种积极的批评话语态势。相对而言，学生更注重批评内容、方式和质量。

批评既有创造力，又有破坏力。积极批评可以变破坏力为创造力。我们应该看到积极批评话语对学生的启迪、教育、影响作用。笔者认为构建教师积极批评话语模式是必要和可行的。教师积极批评话语模式可具体表现为：（1）非人格化方式——客观公允批评；（2）辩证方式——批评与表扬；（3）修正方式——批评与指正、指教；（4）积极正面方式——批评与建议、希望；（5）委婉低调方式——批评与点到暗示；（6）自省方式——批评与自我批评；（7）启迪方式——批评与创新、发展。

6.2.1 非人格化方式——客观公允批评

从前面问卷调查选择题部分可知，对于有些有关学习方法和策略或学习、思辨、创新水平或能力方面的问题，相当多的学生选了教师直接评说方式。可是笔者发现，学生修改的不当的教师批评话语中，除讽刺挖苦、夸张方式外，竟然包括许多直言不讳的批评话语，而其中大多为直接指名道姓的批评。

教师的批评常常是评判性的批评，如：“你怎么这么笨”“你还真是一根筋”“这作业真糟糕”。这种评判性和结论性的批评对学生是有害无益的，应该尽量避免。要使批评有建设性，最好对问题本身进行描述、阐释分析、批评指正，这样对学生更有帮助。有时对问题只是描述，让学生自己思考与推论，这样更能发挥学生的主体性。

批评就事不就人，学生的情绪和心态因而不会受到严重挫伤，从而有助于他们往积极的方向努力，修正错误。因此，笔者在此提出非人格化方式替代直接方式，因为非人格化方式是客观公允批评的一种方式，它与直接方式有相似的地方，不转弯抹角，实事求是，但又比直接方式更具人性化，因为批评时不直接触及当事人，而是就事论事，广而论之。比如：指出问题时，避免明指犯错者“你”或“某某某”，而采用泛指、或论事不论人。譬如：“教室地上有好些食物塑料袋”。这样陈述事实，客观公允，虽没有直接批评学生，但它是隐性批评，让乱扔的人意识到这种现象是行为不当所导致的，从而影响他们的行为。

从学生视角来看，教师批评说事不说人，就事论事，这样更易于学生接受。比如，不说“你在文章中犯了许多错误”，而说“作文中有许多语法错误”，让学生知道了问题但又不直逼学生，让其无地自容。又如，学生在课桌上涂鸦，如果教师直接批评说：“你怎会这么不讲规矩，乱写乱画？一点不讲文明。”这不仅批评了学生其人其事，而且还否定了学生的人品。学生可能认为教师上纲上线，把他定性为不讲文明，从而反感教师、抵触批评。假若教师说：“嗨，这么光洁的桌面怎么就被涂得一塌糊涂了？真可惜啊。”这样说事虽没对人，但做错事的学生听了，会自觉惭愧，悄悄反省，虚心改正。

非人格化批评就是要事实求是，而不是言过其实，要以理服人，给学生实在的帮助。此前根据语料进行语篇分析时，笔者发现教师批评话语在质量和构成上存在一些问题：较为空洞无物，指导意义欠缺；较主观臆断，批评责怪学生语气过重。许多教师不自觉地会说："这么简单的题，还做错？"从教师的角度，题可能是简单，但既然这么多人已犯了错误，那么首先应该知道为什么学生会在他认为这么简单的题上犯错，然后给予针对性的指点。对学生来说，做错了题，已经很内疚，很丢脸，这时最需要的是教师启发他如何解决问题，而不是要教师主观判断，简化问题，强化对学生能力或水平的质疑，加重他们的心理负担，打击他们的自信心。

非人格化批评可采用陈述句表达方式，通过陈述事实达到批评教育目的。根据前面的调查结果，尽管学生在学习型的问题上，大多数希望教师用直接方式指出，但是C类修改的批评话语显示，学生大多还是偏向间接方式批评。非人格化批评是间接批评方式的一种体现形式。显然，针对不良现象和行为，教师最好对事不对人。避谈交际者，只指事或指物，或从事物的某个关注焦点出发，显示客观公允，不让受话者感到自己是被直接批评指责的对象。如："沉溺上网玩游戏影响学习和生活，危害大"，相对于"你这样沉溺网络游戏，将毁掉你以后的人生"的批评话语，较能减轻对接受者产生的胁迫感或更能降低受批评者的逆反心理，从而更有助于批评意见被对方接受和采纳。一般来说，学生普遍都很在意教师对自己的批评。笔者从学生问卷调查中得到的重要的启示：教师实施批评应从学生角度入手，顾及他们的心理，不要直接批评否定学生。非人格化批评把批评之意隐藏在陈述事实中，对学生起到警示效果，不失为一个好办法。

非人格化批评时，教师不能随意率性评价学生，发泄自己的情绪。如："你怎么不用功呢？""说你多少次了，你怎么还是老不改？真气死我了。""你简直给我丢脸、给班上丢脸、给你父母丢脸。"失控的情绪难以正确引导学生。有些问题根本不是大问题，如果教师情绪化，上纲上线由批评个人到痛批全班，甚至殃及其父母家人，那就失去理智，不是理性批评。

非人格化批评时，可采用被动语态，体现客观性，避免主观臆断。尽量不要以教师自己的主观感觉论及问题。这可在下列有趣的事例中得到佐证。在一个A类的教师批评话语中，教师说："我认为你水平很高，你怎么选择的资料档次这么低？"这句话的意思其实是说，既然学生有那个水平，就应该做得更好，不应该是现在这个状况。可以说，教师的话语中虽然含有批评之意，但还是对学生比较认可和有期盼的。可是结果学生把这句话改成了“由于选题不好，导致资料档次低下”。这显示，学生不希望他们的教师否定他们的人，诸如能力或水平等，而是寻求其他客观原因。这同时表明，教师不能随意说“我原来认为S（学生）+正面，S+负面”之类的主观感觉的批评话语。“我认为/我觉得/我想”这类表达方式不知觉地凸显了教师自己的主观性和个人观点。批评时，主观性太强容易引起抵触反感，难以达到效果，应该少用或不用。不如干脆就事论事，或以“按规定”“根据学校规定”“大家都认为”等表达方式显示客观陈述。

非人格化批评学生时，教师尽可能不明指学生，尤其不能把学生与自己或他人相比，来凸显学生如何糟糕。例如，“我们读大学的时候非常珍惜读书的机会，哪像你们现在这样无所谓，虚度光阴。”这样比较凸显差异和否定学生只会加大师生双方距离，增加彼此隔阂，学生会强烈排斥这样的批评。不妨改变说法，采取非人格化批评方式，如：“少壮不努力，老大徒伤悲。”或采用说故事的方式，引导学生自己思考，自己进行比较。如：“经历过没书读年代的人尤其渴望有学习的机会。记得77年刚恢复高考，大家亲身感受到学习机会来之不易，于是都非常珍惜，都如饥似渴求学进取。”

再如：“有人不谨守道德，认为讲道德只能帮我们成仁而不能帮我们成功。即便如此，我们还是要讲道德，做好人，这是最基本的做人标准。”显然，采用泛称或者无主句的形式，不指明任何批评对象，使话语显得平和、公允、中听。泛指形式或无主句有利于教师指出问题，警示学生，但又不伤及具体学生的脸面和尊严，起到较好的教育和引导作用。

非人格化批评方式，还可体现在综合看待问题，选择适当的视角传递信息。视角是作者/说话人叙述事物呈现信息的角度，主位化能有助于实现这一目的的方式。例如，笔者所在外语学院的阅览室长期以来成为英语专业学生的自习室，一些教师抱怨说学生挤占了阅览室的位置，不便于教师查找阅览资料。为了纠正这种现象，学院规定学生以后不能在里面自习。但是如何向学生传达？如果照上述方法表达，则会突显学生是造成问题的根源，假如学生听了，肯定会感到很不公平、很不舒服。如果换一种说法：“为了回归阅览室的原本功能，有利于英语专业教师和学生借阅书籍和杂志，以后阅览室不再作为自习室使用。”学生对此自然不会有什么异议，也不会心怀不满。因此，在对学生实施批评教育方式时，选择事作主语，还是人作主语，作为教师，一定要根据意图、目的、语境，采用适当的主位化呈现信息。这样会使教师的批评更恰当有效。

非人格化批评方式另一选择可以采用名物化（nominalization）。名物化是使一个动态过程变成了一个静态状况，能削弱话语的动感，且能隐藏施动者和模糊因果关系。名物化不含任何情态成分，因而不显示说话者所作的判断或个人态度与意愿。名物化有其表达客观性的优势，即不显现褒贬之义，故常用于学术性写作和科学论文中。倘若运用于教师批评话语，也一定能取得某种特定效果。比如："某某学生今天当场考试作弊"改为"考试作弊"的说法，这样模糊时间概念，掩饰了过程的实施者，把动作转化为状态，把具体事物变为抽象事物，既能警示学生，又可避免因误解批评错学生而陷入难以挽回的地步。

批评对是否显现或隐藏犯错者身份尤为重要。非人格化批评方式，删除你或我，以对事不对人，就事说事，客观评价的方式保护学生的自尊。显而易见，非人格化批评方式，促进教师关注问题本身或问题的不同侧面，而不是重点抨击人。当教师选择恰当的视角，指出问题的所在，对犯错误者来说，他们的心理更易于承受，同时也有利于教师引导他们关注问题本身，这样自然而然会产生良好的话语交际效果，更好地达到教师的预期目的。

6.2.2 辩证方式——批评与表扬

毛病有人挑，毛病才会好（钱冠连, 2008）。对学生完全放任自由，不批评教育，一旦问题积重难返，将更有害于学生。但不能只是批评，犯错误的学生也需要悉心呵护。批评与表扬相结合，这也是一种刚柔相济的育才之道。Hyland（2000）曾指出，在学术评论中使用表扬非常频繁，而负面评价一般要弱化，具体性的批评会产生较大的言外之力，需要平衡批评和表扬。

据笔者对本校外国语学院8届英语专业学生的问卷调查中，发现有些学生希望批评他们的不足和错误后，也给他们一些鼓励。有些学生希望先肯定他们的长处，然后再指出他们的不足。不管怎样，这两方面的意见有一个共同点，那就是学生不希望他们被完全否定，被批评得一无是处。只要得到一些肯定或鼓励，即使受到批评，他们的心理多少有些慰藉。

此外，通过连续5年对本校外国语学院翻译专业不同年级的学生进行论教师批评的写作练习，笔者发现学生一般喜欢把批评与表扬结合起来论述，学生普遍喜欢得到教师的表扬，但是认为适当得体的批评比表扬更为有益；表扬与批评结合较为易于让学生接受批评，改正错误；失当的批评伤人、害人、毁人。

一般来说，人们都是喜欢听好话和表扬，不喜欢听坏话和批评。表扬给人鼓舞但也令人陶醉，批评让人痛楚但令人深省。如果教师批评学生过多过重，必然引起学生反感、抵触，因而批评与表扬结合，的确能够平衡学生心理。如下列C类的索引行例句所示：

你学习态度很好，可能就是学习方法不太恰当，希望你可以找到适合你的学习方法。

勤奋刻苦，性格开朗，待人认真，责任心强，但是你的个性要强，希望你以后注意这方面。

在课堂教学评价时，教师为保护学生的面子，常弱化批评，或是先批评、后表扬，或是先表扬、后批评，以调适平衡学生的心理，以使他们接受意见、改正不足。如下列两例分别所示：

毫无疑问，你在这工作上花了许多时间和精力，但一点点小疏忽就会遭致功亏一篑。

看来，还需要更多努力，不过我们知道你在这工作上花了许多时间和精力了。

在上面第1个例句中，副词“毫无疑问”的使用，增强了句子对正面的肯定，即使后面转折论及负面，提示受话者注意可能出现的问题，受话者容易接受。而后一种表达是先隐性批评后肯定。也可以说先通过建议来指出不足，再用“不过”转折，肯定受话者，因为这后一种方式没出现显性负面词语，更令人乐意接受。

批评与表扬结合还表现在整体（大体）肯定、部分（细节）否定。

如C类索引行例句所示：

大家也了解你的思想，这是大学所要锻炼的一个能力。我一直认为你是一个坚强的孩子，现在

你有些调皮，有些好动，也常挨批评，可在教师心中，一直认为你是聪明的孩子。虽然这学期

作息，早睡早起。笨鸟先飞也是有技巧的。教师看你一直是个很优秀的孩子，下次一定别再

肯定能吃得开，但活跃也得分场合。××同学，你的学习一直很好，我不希望你就此松懈，山外有山

这位同学，你讲到的这个方面很独特，是从另外一个角度审视这一问题。但就这个问题而言，

解释还不是很透彻，准备得不够充分，但勇于上台演讲的积极性还是值得鼓励！

辩证看待问题，就不能只死盯问题不放，只谈问题不计其余，或只因一个问题就全盘否定学生。A类教师批评话语之所以显得消极，就是部分教师看到学生的问题后，求好、求全心切，抓住学生的一个问题，就扩展开来，由学生的现在讲到过去，并殃及未来，甚至株连父母家庭。教师在教育学生时，要有辩证的眼光，辩证地对待处理问题，通过话语适当调节，一定有助于和谐师生关系的构建，促进师生共同成长发展，有利教学质量的提高。

试想如果学生积极回答教师的问题，教师批评说："回答不得要领，你到底想表达什么意思？"学生一定深受打击，灰心丧气，今后害怕面对教师，也不会积极主动参与教学活动了。如果教师将表扬和批评结合使用，说："不错，可是你能用关键词或一句话总结你要表达的意思就更好。"又比如："没想到平时善于动脑的你也不知道答案。"这句话虽然表达了对学生不满，但其中又包含对他的高期盼和对他能力的肯定。它让学生感到自己辜负了教师的期望，枉费了自己的才智，从而更激发他学习的动力。再譬如，若是教师发现学生的写作风格一成不变、太单一，教师说："我欣赏你坚持一贯的写作风格，但是我更希望看到你不同的写作风格。"再如："你的字写得相当遒劲有力，但文章

内容较为虚空了点，如找些具体实例充实一下，文章就更显丰满。”诸如此类的批评，学生会欣然接受，乐意改进。

辩证地看待问题，尤其注意不能以一人之短比他人之长。否则，这种批评是极不明智的，所做的判断也是不客观全面的。每个人都有自己的长处和短处，不能以偏概全。人的内心极为敏感、脆弱。教师要设身处地为对方着想，不可以使对方产生相形见绌的感觉。“尺有所短，寸有所长。”不能只知学生短处，而不知学生的长处。最好先扬其长，而其短处尽量通过用希望的句式，提醒对方改进提高。教师要尽心发现学生的长处，并善于利用学生的长处去克服他们自身的短处。如果教师的注意力只在学生的短处上，只盯着他们的缺点，这样既挫伤学生的积极性，也让教师丧失了信心与培养出潜在的好人才的机会。

万事万物既有好的一面，又有不好的一面。同样，人不可能全对全错。表扬与批评结合一起用，比较客观地反映事实，顺应人们的心理。不管怎样，人付出了努力，没有功劳，有苦劳。若是表扬与批评相结合，既显得教师不失中正，又有助于学生明辨好坏，平衡心理，扬长避短，知错即改。这样更能达到好的教育效果。

当然，表扬不当，对学生是误导；而批评不当，对学生是伤害，甚至可能改变学生的的人生际遇与命运。对学生批评教育，可用结合表扬而进行，既可先批评，后表扬，也可先表扬，后批评。但一定切记，表扬要恰如其分，批评要讲究分寸，让学生感到合情合理，易于接受。不切实际、不客观的表扬，令学生反感，感到虚假，不可信，起不到鼓励的作用。正如Hyland & Hyland（2001）指出的那样，必须是名副其实的优点才可以出现在评语中，否则学生会认为教师不够诚恳。

诚然，在批评与表扬方式使用中，切勿借机对他人赞美和肯定来批评否定对方。学生渴望被信任、被理解、被肯定。教师批评指正学生时，一定不能主观片面或完全否定学生，否则，这就与学生所期待的背道而驰。应适当结合表扬进行批评，用表扬作为润滑剂，缓解批评的冲击力，降低对立与矛盾的产生，促使问题妥善解决。正如笔者所在学校的美籍教师Kellen Patty所说：“采用三明治的方法，即表扬—批评—鼓励，对外国学生和中国学生都是十分有效的。”教师应该注意辩证批评方式，不断激励鞭策学生更向前、攀新高、做更好。

6.2.3 修正方式——批评与指正、指教

现在学校评教，学生有权给教师打分，因此有些教师开始害怕批评学生，畏惧批评学生可能招致被学生打低分的糟糕后果。与过去相比，教师越来越在意学生的看法和感受了。但是作为教师要对学生负责，不能只图表面和谐相处，而是要真正帮助学生。有些问题需要批评指正，这是起码的为师之道。

毫无疑问，表扬和鼓励能激励学生向好的方面发展。但每个人都会有不足，有犯错的时候，尤其是当个人不能正视或忽视自身问题时，错误的见地或行为会阻碍和限制个人正常成长。如果没有外力的触动，没有他人的及时指出，错误的行为可能导致一系列不良反应，知之已晚，会造成永久的遗憾。他人的适时批评指正无疑能促进学生幡然猛醒，有效改变和完善自我。

可见，虚假、空洞的赞美对学生的健康成长不利。同样，教师坐视缺点错误，不指出问题，也对学生有百害而无一利。学生如果只能听赞美的话，久而久之，听不得反面意见，承受挫折能力不强，心理素质差，情商低下，容易走偏，走极端出问题。

批评指正教育是学生成长不可或缺的“维生素”。培养合格的学生与公民，有问题需要批评指正，否则助长错误的蔓延、问题的恶化。如果犯错人不知错，继续犯同样错误，无疑害了他本人，同时产生坏影响，殃及他人，甚至殃及社会。批评其实能起到早预警、早治理、治标固本的作用。

如果等学生问题严重才去纠正，即使花费九牛二虎之力，也会无济于事，可能还贻误其一生。因此要把握时机，当机立断，该批评不客气，原则性的问题不迁就。尤其对一些逾越了道德规范、社会准则的言行，教师有责任有义务指正和教育学生。针对学生网瘾、厌学、逃学、自律性差或自控能力弱等问题，有时批评难以起到立竿见影的效果，应伴随其他帮扶矫正措施。适时适当选用强势语言，以显威严和警示也是很有必要。正如钱冠连（2008）在探讨语用原则与语用策略过程中提出，礼貌是策略，不礼貌未尝不可以为策略。权威破坏了礼貌策略固然是一方面，但用足了权威也可以使说话更有效果，达到说话目的。只要运用得是时候、是地方、合身份，运用权威的说话过程也可以是得体的言行。

有时为了达到一定的威慑效果，故意拉开师生距离，用“强势语”(intensifier)、命令语气，强调学生必须遵守和服从。适当、适量、适时使用强势话语也会有积极正面的交际效应。尤其在学生对学校有关规定置若罔闻、屡次违规时，教师采用强势语气，对学生有较强的警醒作用，有效阻止和矫正他们的不良行为会。如，“身为人民教师，我绝不会以物换分，否则有失教师职业道德，有失公平和正义。”表明教师的身份，要遵守的职业操守和坚定的决心和态度。这样严肃、认真的话语使师生之间保持了一定距离，打消学生想靠拉关系侥幸过关的心理，促使他们不得不发奋努力，获得真才实学。

然而，交际中，强势言语过头过重会严重威胁对方的面子，不利平等关系构建，无助问题解决。比如：You are absolutely wrong and you have no right to argue with me. 毫无疑问这种话语是以权势打压学生，拒绝平等对话沟通，不能化解矛盾分歧。

倘若正规考试显示出作弊倾向时，为防微杜渐、拯救学生于未然，教师提示：Honesty is the best policy. 这便是最大帮助。若是发现学生引用他人观点，不标明作者和出处，教师告诫学生：“引用他人观点佐证你的观点，说明或写明出处和作者姓名，这会使你的文章更有份量，更有说服力。”想必这种指教对学生个人与事业的发展都是有帮助的。

“Right”“Good”“Very good”“Wonderful”是英语教师点评学生时的常用语。这样泛泛的评价语缺乏针对性，显示不出教师的用意所在。教师漫不经心，不认真地倾听学生发言，也能用这些赞美词敷衍对付学生的问答。其实，学生互动活动中出现问题时，是学生学习提高的最好时机，教师善于抓住时机，因势利导，更有利于学生认识问题，解决问题，少犯或不再犯同样问题。如果教师对学生的问题解答不论好坏都轻率地一律评价为“好”，将错失一次次正确引导学生的好时机，这是极其不负责任的态度。尤其在学生困惑不解、迷茫失措时，教师应适时适当批评，给学生提醒引导。正如McCarthy（2002）所指出的那样，教师作为评估者时，反馈显得尤为重要。如果教师忽略了反馈环节，学生会变得无所适从。如果教师不批评指正学习过程出现的问题，无视学习过程中反映出的问题，那就是误人子弟。

批评指正、指教显然需要因人而异、因材施教。教师需花时间和精力了解学生，研究学生问题，根据学生差异，精准说教，耐心疏导，顺应学生具体情况，不同语境灵活因应，给予学生适时帮教。如：

> 你在写作上还有很大的提升空间，也许是因为时间关系，作文中有些不该出错的地方，以后要多加……
>
> 有部分同学的议论文写作毫无章法，请按议论文写作基本原则与同桌互相评析一下对方的作文。

需要注意的是，教师批评指正学生时，需要慎重、再三斟酌，有的放矢，得体表述。否则，达不到预期目的。如：“真是浆糊脑袋，讲了多少遍还是怎么一窍不通！”“你对自己太不负责任，你辜负了我对你的信任。”这些话是教师情绪的发泄，对学生正本清源、纠正改过无济于事。体现教师的具体价值就要为学生指点迷津。

教师批评学生是为了教育学生，解决学生的问题，而不是批评教训学生。正如Ginatt（2003）所说：“当问题出现时，聪明人不是马上追究过失，而是力图寻找解决之道。”有问题不可怕，如何因势利导，找出最佳方法解决更重要。人非圣贤，孰能无过？可以批评指正，但不能讽刺挖苦。可以警示，但不能指责、谩骂。教师的职责应是教书育人，帮助学生解决问题。

犯错没关系，重要的是让犯错者感到有所触动，谨记以避免重犯，务必从犯错中吸教训，逐渐成熟。当学生迷失自我时，教师需要正视问题，指出问题，帮助他们警醒、防微杜渐、迷途知返、回归自我。比如，笔者所教的一个学生，由于以前遇到一些挫折，他心生怨气，话语刻薄犀利，因此，一些教师和同学认为他是刺头，难打交道。做毕业论文时，他选择了笔者为其指导教师，笔者与其交流时发现他是可塑之才，真诚地对他说：“眼睛是心灵的窗户，我看你的眼睛就知道你是一个心地非常善良的人。你只要做原本的你，不以怨报怨，多多注重修行修言语，一切都会好转。如果选择跟我做论文，首先学做人，再做学问。”由于适当的批评指正，该学生意识到问题的严重性，明白了以后努力的方向，积极修正了自己的言行。他最终得到大家的一致肯定，并以良好成绩毕业，从此健康快乐地工作、学习与生活。

修正学生问题，需要让学生明了错在哪里，而不是质疑。如：“你为什么就不能够像……？”或“你怎么这也不懂？”这样不但没解决学生不懂的问题，还刺伤学生的心，打击学生的学习积极性，导致学生以后有问题也不敢提，不懂装懂或厌学。教师应了解学生到底问题卡在哪里，然后有针对性地耐心解答。如果教师觉得学生哪方面没做好，又不想直白明说让学生难堪，不妨说："希望今后注意……"以这样的方式对学生提出具体要求，能更好地达到批评目的。

概而言之，为学生着想，对学生负责，身为人民教师，必须清楚知道自己的职责，应适时指正或修正学生的问题，因为局限、不足、错误等问题常常不被人认识或意识到，犯错常常是不知不觉或是错知错觉引起的。有些学生不清楚自己人生目标，随心所欲，不自律、不严格要求自己，出现严重问题，如果教师不批评指正，随其放任自由，他们的才华潜能将被浪费，留下终身悔恨。如果教师积极干预，适时批评，严格要求，帮助他们步入正轨，规范自己的言行，塑造良好的自我，他们的才华将得以释放，他们的人生将截然不同。

教师对学生倾情用心，能准确洞悉问题，批评指教及时到位，是对学生真正的爱护、扶正和促进。

6.2.4 积极正面方式——批评与建议、希望

按传统想法或做法，教师进行批评时，一般使用负面词语较多，不用或较少用褒义词。通过对A与C类语料中的褒义词使用情况进行数据统计，得出下表：

表 6.1 A与C类褒义词使用情况比较

词语	A		C	
	频率	百分比	频率	百分比
好	61	0.35	88	0.57
认真	11	0.06	26	0.17
尊重	9	0.05	14	0.09
不错	4	0.02	9	0.06
进步	4	0.02	8	0.05
优秀			4	0.03

比较分析上面所列的A与C类数据，清晰可见C类学生修改的批评话语中，积极正面词语频数明显上升，甚至出现A类中没有出现过的褒义词，如："优秀"。另外，观察C类学生修改的批评话语，笔者发现，学生倾向于把A类教师批评话语中消极负面的批评方式改变为积极正面的评价方式，即从正面切入问题，通过建议和希望表达隐性批评。学生视角的教师批评话语研究清晰地表明，学生期望教师用一种积极正面的方式看待问题；在批评时不要负面思维，不要强化或凸显负面的内容。这对教师来说，是一个有益的启示。

在此，以C类语料中"优秀"节点词为例，呈现给读者一种积极正面的批评方式：

你一直是很优秀的学生，下次可不要迟到。

其实，你有些方面挺优秀的，你应该发挥自己的优点，好好学习。

你组织能力方面很优秀，但班长要给全班做好模范带头作用。

你是理论与实践结合比较优秀的学生，如果实在有问题，课下来找我切磋，你们都是优秀的学生，相信以后的考试，你们会有更好表现。

值得注意的是，"优秀"根本没出现在A类教师批评话语中。通过A与C类互文性比较分析可知，学生显然喜欢积极正面的批评。

积极批评，显示教师对问题、对学生持有乐观态度，这不会伤害或打击到学生，不会使其一蹶不振、泄气、放弃努力。寻找发现并强化学生积极正面的一面，是给学生最大的指教。批评的艺术在于教师积极正面的鼓励和具体的指点，才能让学生有信心、有方法做出改进和改变。对于学生的不足或问题，教师与其突出其负面，或全盘否定，不如从正面切入，加以指点和引导。

从学生视角的研究发现，学生非常渴望被信任、被理解、被肯定。犯错在所难免，切勿借批评对学生的不足或缺陷进行负面定性或定义，因为常常事虽然做错了，但人本身很不错。如果仅仅是因做错一件事而对人进行完全否定，这就与学生所期待的背道而驰，将会给学生致命打击。

Ginatt（2003）曾告诫说："孩子总是会不由自主地实现教师对他

的悲观预测。他很可能成为教师所说的那种人。”无数事实表明，消极批评对学生的自信心、自尊心造成严重挫伤，摧毁学生的梦想和希望，造成毁灭性的伤害，甚至造成悲剧。教师应引以为戒，应尽可能采取积极正面的批评方式。

当面对负面的事与物、言行举止，教师批评时要有正确的定位，体现社会群体的准则、俗规，弘扬正义，宣传正确的价值观和意识形态。教师的批评话语体现价值取向，无形中会对学生产生深远影响。无论学生表现好坏，教师应注意以积极的态度，而不是消极的态度对待。要循循善诱，耐心引导学生不断学习、开拓进取、挖掘潜力、完善自我、贡献社会。

积极正面批评促进学生健康发展，就像中医治病，以正气驱赶邪气，使病人走向健康。积极正面批评是以学生为中心，启迪良知、发挥良能、抑制负面影响，传播正能量。它是一种积极的干预、调控、协调，用善导善，给问题学生指引正确的前行方向。

试想如果学生积极回答教师的问题，教师批评说：“回答不得要领，你到底想表达什么意思？”学生一定深受打击，灰心丧气，今后害怕面对教师，也不会积极主动参与教学活动了。如果教师改用积极话语：“不错，如果你能用关键词或一句话总结你要表达的意思就更好了。”想必效果会截然不同。同样，假若教师发现学生的写作风格一成不变，太单一，教师不必直言负面，而是通过积极批评方式指点学生：“我欣赏你坚持一贯的写作风格。但是我还希望看到你不同的写作风格。”学生一定会欣然接受，乐意改进。

积极正面批评肯定不能以训斥、恐吓、诅咒、通牒式的话来批评教育学生。比如：“这次考这么差，平时干什么去了？”“不想上课就不要来上我的课。要睡觉就回寝室去睡个够。”“你要是不愿意来上课，你以后就不要再来了。”“再不做作业／再迟到，别怪我不客气。”“你自甘堕落，那我也管不了你，你该怎么样就怎么样吧／你就自生自灭吧。”这些话显示教师无能为力，弃学生而不顾。倘若教师的消极批评导致学生真的出走，不来上课，或是做出别的过激行动，到时追究责任，教师有口难辩。更重要的是，这样消极批评是不尽教书育人的职责，是严重的失职。

积极正面批评必须杜绝绝对的否定话语，如：“你简直笨到家了。”“这么简单都不会做，以后你还会干什么？”“你怎么搞的，总是做不好。”“现在不努力，以后你什么都不是。”“我看你永远都是这样，不会有所改变！你一定考不上、考不取或考不过，像你这样下去，将来一定没有出息。”如果教师对学生如此悲观预言、妄下定论，后果会不堪设想。切记不能因一件事、一个问题难倒学生，就对学生智力、能力或者整个人进行否定，或给予负面定性。如果学生真的先天智力迟缓一点，教师更不能因此批评，而要耐心教导和正面激励。如果学生真是不动脑子、不努力，批评应就事论事，而不是全然否定他人、侮辱其人格。如果教师对学生绝望，学生对教师也失望。可想而知，在学生遇到问题和难点时，积极正面的批评会使学生倍感教师的关爱与指教，从而乐意修正自己言行。

积极正面批评，就是当学生消极时，教师能积极乐观面对，开导学生，采取正向思维、正面态度，积极行动。比如，当一位学生说自己没有自信，总觉得不如其他同学时，教师要是对此以消极心态回应说：“你自己对自己都没有信心，那有什么好说的。”这就还是围绕负面说事，是消极批评。但若从负面的反向说：“请相信自己，每个人都有自己的优势，要善于挖掘出来。”这就对问题采用了积极正面的评价方法。虽然没直白批评不自信不好，但其义蕴含话语中。这种积极正面的批评可谓忠言不逆耳，具有建设性。

积极正面批评意味着话语中不用或少用负面词语。如：“你的答案正确，但如果表达再精练一点就更好。”这种积极正面的批评方式，可以让学生更清楚地知道如何改进完善。再如，学生对教师撒谎，教师了解情况后说：“我相信你本质好，不会是恶意的。”这样从正面教导学生，比当面戳穿谎言、不留情面的直白批评，更能达到预期效果。

积极正面批评还可通过提建议或表达希望来实现。显性表达的希望与建议充当隐性批评时，能消解弱化负面因素，对学生有激励鼓舞作用。教师批评时，应有发展眼光，积极面对学生和未来。譬如：学生说：I don’t know。教师说：Now, let’s try to know something about it. Let’s explore and discover together. /You have the capacity to do it, as long as you have a try。这样的表达方式更能激励学生采取行动。当学生采用负面的言行时，教师不能也以负面言行回应，那样只会适得其反。所以，教师要悉心正面引导，这样，学生明辨是非的能力才会增强，观察事物的角度会更全面，从而主动把握机会锻炼自己、提高自己、完善自己。

积极正面批评还可用“如果”假设或预设一种理想的状况，以期得到认同。这种隐性批评易于被对方接受，同时起到了金针度人的作用。因为当把“如果+正面内容”“如果……就更好”变成现实，或是当作方法“如何做”，并付诸实际时，这种积极正面批评会达到良好的积极效果。通过假设来表达教师所期待的结果，既委婉批评了学生的不足，又对学生今后的行为提出富有建设性的指导意见。研究证实，C类批评话语含有“假设”“如果”引导的批评语数量明显高于A类教师批评话语。可以说，学生期望教师以假设或建议形式表达隐性批评，从而更为积极正面地批评教育。

无论A类教师批评话语还是C类学生修改的话语中，积极的、得当的教师批评话语中都有“相信/希望/好好/争取+正面词语”以及“再/更+正面词语+点”的构式/语言结构表示隐性批评、显性积极建议，给予学生要求和希望。不过在C类话语中此类构式的数量更多，占比例更大。

直白批评会使学生产生逆反心理，采用隐性批评婉转暗示，则让学生听后自觉行动。“希望”“相信”“我想”“下次”“将来”或“以后要”等话语是对学生进行积极正面的引导，而不是直接批评学生的言行有失规范，让学生感觉自己反正被认为不好，不好就不好，破罐破摔。

相对而言，A类中出现较多消极负面词语，或更多不得体的话语构式（如前面第四章的否定词表所示）。“不要+负面词语”“别+负面词语”都是突出否定意义。比如：“不要+不良行为/思想”（不要再写一些没有的东西，不要再去玩，不要好高骛远、胡思乱想、抱着侥幸心理、自以为是）；再如：“不会教就别教”“别在这浪费时间，要睡回家睡！”“想都别想”“别以为我没看见”“别让我再说啦”“以后我的课你就别来了”。

批评过多其实会产生负面效果，强化学生负面形象，会造成学生自卑，导致学生自暴自弃。对一些性格比较内向、比较含蓄、容易怯场的学生，积极正面批评显得更有必要，更为妥当。如：“试试看，你能行。”“每一点努力都有助于我们改变自己和完善自己。”这些积极正向引导会使学生向积极正向方向迁移转化，反之，消极负面批评往往加重消极面。

C类话语中的“多 + V/Adj. (积极正面词语)”构式突出正面意义，隐藏批评之意，寄希望于未来。如：“在学习上多投入精力”“多微笑”“多看看书”“多预习和多复习”“多像同学请教请教”“多与教师同学沟通”等等。

积极正面的批评可以采用隐藏负面消极的内容，凸显正面积极的内容。比如，当有人自私、没担当、不愿付出时，我们可以说：“人生因为无私而高尚；人生因为承担而伟大；人生因为奉献而美丽。”其实在该语境下，这样的话语虽蕴含着批评，但更有正能量。

积极正面批评注重从正向感化影响他人。有一人曾写信给笔者，说这些年来，看到身边的人低效折腾，非常失望，他不想这样浪费时间和精力，干脆随心所欲过自己的生活，不写论文，不报课题。笔者回信说：“谢谢你对我的信任。……我衷心祝愿你正视现实、生活在当下！珍惜身边人，奋发努力，有所作为！不妨换个视角看对方。你说她的天赋不如你，但她孜孜不倦，坚持不懈，终有收获。在追求的过程中，她实现了自我价值。她起码得到她想得到的博士学位，她至少实现了她的一个梦想。既然你的天赋比她高，你为什么就不充分挖掘和利用呢？……生命要讲过程，事业要讲结果。即使竭尽全力却没结果也没有关系，我们要学会在过程中去寻找收获。好好享受我们生命的过程，尽力干好我们所从事的事业！不成功，能成仁也很不错！请相信自己！相信天道！天酬自助者。只要你尽心尽力，一定能做最好的自己！”

不被对方负面消极情绪和说法左右，而是采取积极态度与对方分享正知正见，起码没有加深他人的负面看法，如果有幸的话，还能有效地劝服修正其人观点和行为。

尤其重要的是，积极正面批评时，要相信对方，鼓励对方向积极正面的方向改进。比如，著名的游泳教练张亚东对孙杨的问题从不躲避，而且一直相信他，支持和鼓励他，尽力妥善处理问题。在对待媒体采访时，他从来都是正面回答问题。从这一点来说，孙杨和张亚东在一起没有任何压力反而容易出成绩。正如孙杨说：“我要让关心我的人不会失望，能有一个好的表现。不光为我自己，也为关心我的人去争回这一个颜面和荣誉，这些支持我的人都不容易，因为他们在面对这么大的困难时，还是坚定自己信念，就像我自己坚定自己信念一样，他们没有任何改变，一直在支持我，鼓励我。”不仅孙杨，许许多多的的学生因为教师对自己的信任和鼓励，而有了别样的精彩人生。

毋庸置疑，两种不同形式的陈述方式（消极或积极）会带来不同的教育效果。对话语分析家来说，所有的语言，即使是做出简单描述的语言，都是建构性的，会产生后果。冉永平（2010）在其《冲突性话语的语用学研究概述》一文中也指出，交际中的冲突与缓和，随说话人的话语和言语行为的选择而相互转化，并影响交际效果和人际关系。通过学生视角的教师批评话语研究分析，笔者发现，正面批评指导，对处于问题中的学生显得弥足珍贵。教师采取积极正面的批评话语，将能体现和构建积极的思想意识形态、情感、态度，能构建良性和谐的师生关系，达到积极正面效果，反之亦然。

积极批评是从学生立场出发，关注他的现在与未来，而不是他过去的过错。积极正面批评能够给学生积极的心理暗示，使其有革故鼎新的动力和勇气。它采用相反表述法，也就是针对问题，从其反向或积极方面表达，或者不提过去的问题，重点只关注将来如何发展或如何做。如用“希望”“相信”“我想”“下次”“将来”或“以后你要”等表达方式对学生行为规范提出具体建议或要求，这样会令人茅塞顿开、豁然开朗，同时还能减轻学生心理压力，促进学生自己改过自新、积极向上。

因此，要十分注重合理选用上述归纳的一系列积极正面批评话语构式，避免使用消极的批评话语构式。不用负面思维，而用一种全新的、积极正面的方式看待问题，寻找、积累、强化那些美好和积极的事物，这是给问题学生最有效的批评教育！这会让他们每天都感受到正能量，受其熏陶、感染与感召。如果教师重视表达效果和接受效果的统一，选择批评话语和调控语言适度得当，一定能对学生产生正面积极的影响和效果。

6.2.5 委婉低调方式——批评与点到暗示

在前面章节A与C语料分析中，可以明显地看出， A类教师批评话语较为强势，而C类学生修改的批评话语使用低值情态词、缓和语气词、模糊限制语、辅助语、间接话语明显增多，而且对于消极负面的内容，常常降格论及。在12届全国功能语言学研讨会的小组发言中，陈令君（2011）陈述了她的“网上教评评价资源分析与优秀教师身份构建”研究，她发现学生对教师表达正面评价时倾向于用强势调节语，而在表达负面评价时则用弱势调节语弱化其力度。笔者认为既然学生在网上对教师的问题进行负面评价时都倾向于弱化表述，当然他们也不会希望他人当面批评自己时比较强势。学生倾向于弱化批评，这确实在C类学生修改的批评话语语料研究中得到强有力的佐证。

调查表明，学生大多倾向于委婉批评。即使有些学生说他们喜欢直说，但给的例子还是偏向婉言。婉言点拨，比直接道白，更令人愿意接受。

通过分析学生修改的批评话语，笔者发现教师对习以为常的批评话语，往往忽视了其隐含的杀伤力，必须对其重新审视和改进。

学生评教时尚能采取积极礼貌策略，同样，教师在实施批评教育时，也应如此。尤其是学生视角的教师批评话语研究发现，学生喜欢柔化批评，教师更应尽量满足学生的社会心理需求。为了维护学生的自尊，教师有意违背“质准则”不说真话；为消除歧义，教师不惜多费口舌，打破 “量准则”；为表善意，教师故意转弯抹角，旁敲侧击，违反“相关准则”；为显礼貌、通达、圆融，教师特意违反“方式准则”。

钱冠连（2008）认为中国人的文化传统与美学渊源造就了中国人善用言语行为中的隐含示意。中国人的言语中经常大量地隐含了言外之意，这是完全正常的（正常到人们发现不了），也是具有异常魅力的研究对象。

相对于同学之间的批评，学生更在意教师的批评。因为交际双方之间的社会距离与社会权力的差别对面子威胁程度更大，因此教师对学生的负面评价语更要谨慎，要注意分寸，不要伤害对方人格尊严。例如：学生恋人情侣上课喜欢紧挨着坐在一起，且不停窃窃私语。如果教师完全不顾及他们的面子，大声斥责说：“要谈朋友，外面去谈，别在这里丢人现眼，扰乱课堂秩序。”这样虽然显示了教师的权威，但达不到应有的教育作用。让学生无地自容，给学生的心理造成伤害会带来消极影响，甚至影响学生终身。如果作为教师，非得在课上提出，完全可以采用暗示方法，如：“同学们，我们每个人都必须恪守适当的行为规范。”

负面评价对双方都易产生负作用，既威胁他人的面子，又会引起他人对自己的抵触、反感或仇恨等不良结果。因此，可以借助一定的辅助性词语或间接性话语，以降低负面评价可能带来的负面效应。低调陈述，委婉、弱说问题，符合人的心理和认知规律。这样虽仍触及问题，但不伤及自尊，易于被人们接受。

比如："你只要稍微用点功，事先准备准备，就可以说得流畅自然些，是吧？"这句话虽没有直接批评学生不用功，没有好好准备，说得磕磕巴巴，但话语中隐含了此意。它通过间接性话语，采用"稍微""些""是吧"等缓和词语弱化批评语气。

A与C类得体的批评话语具有共同特点，即含有缓和词语。在A类语料中，"不要紧"的使用让批评话语变得更为顺耳。如："不懂不要紧，但要尽力争取弄懂。""你现在暂时落后不要紧，但以后要好好努力，迎头赶上去。"在C类语料中，笔者发现了一个有趣的缓解批评语气的构式，即："负面＋没关系，但（可是）以后（下次／等会／课后）＋正面"。学生在修改不当教师批评话语中，采用了"没关系"作为批评的缓和语，如：

不会做没关系，等会我讲时你要好好听哦！

这次错了没关系，下次再有机会再上来挑战。

答不上来也没关系，这道问题本来就挺难的。课后回去好好复习。

现在不懂没关系，课后一定要弄懂。

这些题目第一次做不出来没关系，但一定要在做错之后改正过来。

大家放松一下没关系，可是不应该因为放松而影响正常的课业即课堂纪律。

这次迟到没关系，希望下次把时间安排好。

由此可见，教师可采用"不要紧""没关系"构式来显示亲和仁善，体谅对方，允许犯错，并给机会改正错误。

委婉低调批评可采取重话轻说、疑惑询问法、先让步后进言，或加谦辞再点评等方式，让学生意会到教师的言外之意和良苦用心，从而被感化，有所改变。比如，与其说"教室弄得这么脏乱，你们也不打扫一下"不如说"大家都注意卫生，可能我们都能在好的环境中更快乐和舒适地学习和生活。”或说：“看看教室，感觉如何？能不能我们一起学习如何保护教室的清洁卫生？”针对学生喜欢找理由，教师不如先找个理由让学生下台。如：“来迟到了，可能昨晚学习太晚了，今早不小心睡过了头。以后还是早睡早起更科学健康。”切勿说：“不用跟我解释，我不想听。”“你太不像话，竟敢一而再三犯同样的错误/迟到。”

委婉低调批评有时通过给予过量信息的方法来实现。如：“是不是最近学习状态或心态有什么问题，还是别的什么事情影响了你，希望你能调整过来，安心专注学业。”“最近考试结果不理想，是不是压力太大，还是有别的原因影响？”“以前挺不错，现在有点松懈了吧，以后做题可要认真仔细一点。”“我很理解你们找工作的心情，但是作为学生，学习任务还是要完成。”这些话语都没有直截了当指出问题（如，学习心不在焉、考试不及格、做题粗心犯错、逃课不做作业），而是转弯抹角，多费口舌，娓娓道来。研究表明，C类修改的批评话语与A类相比，一般都增长了些，因为通常批评前铺垫，批评后安抚，或为过错找点理由与借口，自然而然会信息超量。

低调批评当然不能夸大问题，而是要缩小问题。A与C类批评话语互文比较显示教师不知觉地会加重批评，而学生倾向于通过突出优势使问题缩小。如：“你这次只是没认真，你潜力可不比别人差。”“现在成绩下降可能是对某一部分知识掌握不够。”“其实你脑子挺聪明，只是学习方法有点问题。”可见，采用一些限定词语（如：“这次”“只是”“暂时”“某一部分”等）可以帮助降低批评的力度。

委婉低调批评切不可借他人之言，来加强、加重批评之意。尤其不能重述他人的负面观点、借他人的正向评价，或通过比较来凸显反差，反衬对学生期盼的落差与失望。这样只会加重学生的反感与抵触、甚至仇恨的心理，造成适得其反、事与愿违的结果。如：“我听说你是班上的佼佼者，结果发现你不过如此。”“奇怪，大家都能做得很好，你怎么就做不了呢？！”

委婉低调批评意味着要避免使用任何强化词语或极端言辞，如：“从不”“从来没有”“老是”“总是”等。老话说：责人要含蓄，忌太尽；劝人要委婉，忌太直。教师一定不能不顾场合和对象，毫无顾忌、肆无忌惮、直言不讳地批评学生。批评要留有余地，适可而止。不能夸大其词，也不能说过头、过激的话，如："不可救药""朽木不可雕也""不是读书的料""你从未认真听讲"等诸如此类的话。

毋容置疑，谁也不会希望被人重磅批评、被人反复提出批评。以"又"为例，"又"在A类语料中出现8次，但在C类语料中一次也没有出现。"又＋负面词语"的构式能加重批评语气，如："你又迟到。""你又犯同样错。""怎么又这么忘乎所以，不知天高地厚。"另外，"也不＋正面词语，还妄想＋正面词语"构式也加重批评语气，如："也不知道好好学习，还妄想考得好。"这种批评无疑与学生所期望的弱化批评相悖。因此，要避免这类强化的批评语式，教师对于学生问题一般应该既往不咎，尽量不要反复提及学生的过错。

下面以学生提供的一段外教与一抄袭学生的精妙对话为例，来阐释低调陈述的绝妙运用和积极导正效应。情景：大二开设了一门课程"基础英语写作"，有一次任课外教T布置学生写一篇作文。一学生S将一篇范文大部分抄写下来上交。于是外教T在返回批阅作文本时，与学生进行如下对话：

T: It is a perfect essay which I can't even figure out any mistakes. However, I'm not convinced that you have done such good job *without any help*. Have you *got any help*?

S: Oh, yes. I've *quoted* some excellent sentences from the reference book.

T: Oh, I see. You've done *a good job in making use of* reference book, but I *would be more glad* to see how successfully you *make good use of your intelligence*.

从上面的对话中，可以发现外教并没有直接点破学生抄袭的事实，而是通过婉转的词语，如，"得到帮助"和"很好地利用了参考书"低调陈述问题并表明态度：如果学生充分发挥自己的智力他会更高兴。这是一个非常机智巧妙的低调陈述运用，含蓄地批评了学生不动脑子，剽窃他人作品。但外教没用剽窃这个词，而是巧用"帮助"代替，并从正面切入，肯定学生利用参考书，不过更希望看到学生成功地运用自己的智力。从中可以看到低调陈述作为评价方式，需要用心关注学生，用智慧评析，并斟酌言后效果。这是直接进行负面评价所做不到的。

通过问卷调查结果分析，可以知道占大多数比例的学生，在针对非学习方面的问题上，希望教师对他们进行间接方式的批评，甚至有些同学主张不评说，尤其在情感问题上所占比例为最高。

众所周知，中国共产党，尤其是领导班子专题民主生活会，要求做到开门见山，直截了当，一针见血，让人脸红出汗。为树立执政为民新形象，破除作风弊端，针对“四风”问题，当然可以辣味十足，直击“核心”。但对学生，面对他们成长过程中的问题，教师更多需要和风细雨，尽量避免太直接的批评。

研究表明，婉言点拨无疑比直接道白，令学生更愿意接受。正如Hyland & Hyland（2001）所说：注意照顾学生的情感，尽量采用委婉的方式，先肯定再否定。老话说：“做人宜直不宜曲，做事宜曲不宜直。”教师批评学生，是为学生好，心诚但话宜婉不宜直，尽量不使学生过于难堪。

低调陈述作为润滑剂，可缓解对学生的冲击力，减少对立与矛盾的产生，能帮助促使问题真正得到解决。委婉低调批评顾及了对方的心理感受，是向对方表示了应有的尊重和礼貌。更为重要的是，这种间接批评又启迪了对方，给对方机会自我反思、自我认识、自我完善、自我改造，从而更好地发挥学生的自主性和能动性。因此，批评时，以委婉、低调陈述问题、点醒学生为上策。

6.2.6 自省式——批评与自我批评

其实，在求学问道、为人处世、做事的过程中都需要批评与自我批评。正人必先正己。教师不能只注意学生的问题，而忽视了自己的问题。批评不能只是对他人不对自己。批评他人有时也需要做一下自我批评，勇于反省、承认和修正自己的问题，以免自己的错误引发或加重他人的问题。而且如果教师自谦，同理心强，主动开展自我批评，这对学生具有良好的示范作用。

批评与自我批评是中国共产党三大优良传统之一，是党保持强大生命力和战斗力的要素。同样，教师与学生也应该把批评和自我批评作为法宝。一个敢于公开承认、修正自己的缺点和错误的人，将会焕发新的活力和创造力，促进个人和事业的兴旺发展。

慧能说："迷时师度，悟了自度。"醒悟、改过，要借外力，更靠自力。人没有自省，难有改变。孔子曰："日三省吾身。"如果教不好学生，教师逃脱不了责任，一定要好好反思、反省，先从自身找问题，先修身正己，避免因教师的错误贻误学生。尤其当很多学生做错或不懂时，教师应首先思考一下自己教学有什么问题，先自我检讨，这将在无形中影响和感染学生。从自身寻求原因，那么自我批评就会转变为突破自我、超越自我、改变自我的动力。

在C类的语料中，可以看到如下话语：

也许是我的教学方法、内容有什么问题，让你们不懂。

也许是因为看问题的角度不同，我对你们的评价存在问题，出现偏差或错误。因此，我会重新审视，更加客观、准确地评价你们。

对不起，我刚才没控制自己的情绪，实在太不应该了！

这次考试不理想，我们都有责任，可能是我的教学方法与你们的学习需求有所不协调，希望在今后你们能把你们的想法与我沟通，让我们一起努力。

有些题目有相当难度，有时我也会出错，但是如果我们不畏艰难，不怕犯错，问题总会攻克。

通常，教师习惯于从自己的角度审视学生行为，按照自己的期望要求学生，很少从自身挑毛病。上述例子清楚地显示，学生期望教师反思自己。倘若教师能针对学生的需求和期待作出一些反思和调整，无疑有益于与学生的互动，改善提高教学水平。

Ginatt（2003）在他的研究中发现"为什么"被滥用为批评的引导词。笔者在观察比较分析A与C语料时，发现疑问副词"为什么"和"怎么……"被用来探求学生犯错原因的同时，实则是强化批评责备学生。但若是使用名词性"原因"询问，批评语气则较为缓和，提醒学生关注寻找真正犯错的原因，而不是追究既定事实。令人惊叹的是，在A类批评话语中，有多达47个"什么"和77个"怎么"被用来责问学生，或用来突出学生让教师失望的程度。不过，在C类学生修改的话语中，这些词语大幅减少，多了如下询问原因的话语：

你最近这次考试退步了你有没有想过是什么**原因**呢？教师觉得你应该放在学习上的精力

是哪位同学不小心把玻璃弄碎了！请主动向我说明其中**原因**，让我们共同想个好办法来解决这个问

我的事？失败没有什么大不了的，重要的是要懂得分析**原因**并从失败的地方站起来，不要害怕，

人生还有很长一段路要走，心里要是紧张或是其他什么**原因**，就来找教师聊聊。你要是再不好好

好好反思一下，为什么自己会做错。如果是自己没有复习好的**原因**，那课下就要多下功夫复习好。如果

所以同学们应该认真听讲，对自己的错误认真分析，找出**原因**，并做好笔记。错误并不可怕，只要

可见，批评与自我批评不仅是满足交际双方面子的语言行为手段之一，更重要的是可用来促进个人发展以及教育教学水平提高。教师不仅需要从学生方面找问题，还要从自身找问题。如果教师从教学教育的各个方面，如教学态度、内容、方法、能力、效果，育人等方面进行自我反省和自我修正，就一定会超越自我，成就自我并贡献于社会。

人生多些自省反思，多些扪心自问，才能更清醒明智地做出正确抉择或适当修正，达到所期望的目标。从学生修改的批评话语中，笔者发现学生希望教师相信他们，即使他们犯错了，仍然要对他们怀有期望。教师要好好反省是否做到了。尤其在当今，教师面对那么多学生，是否顾及每个学生的内心感受，让他们亲身感受到教师对他们的信任和关爱？教师应好好反省：批评学生时，注意了场合、语气、方式、学生的感受没有？批评是为学生好，批评严厉是为了让学生触动更深、不重蹈覆辙，但若伤害学生的自尊，对学生的心理与人格产生不良影响，造成难以弥补的后果，这样算称职的教师吗？

并不是学生犯了错误，出现问题，教师都要一一指出，进行批评。作为教师，必须要有选择，主次、轻重、缓急要辨清，公开批评或是私下批评需考虑周到。其实，有时不一定是学生真的有错，或许

是教师看问题的角度出现了偏差，或是教师自身问题所导致。比如，如果很多学生做错或不懂，教师批评学生前先要反躬自问，思考一下自己教学有什么问题。比如说，如果学生都往后坐，前几排座位空着，或是到课率低，教师一定要首先检讨自己，从自身去找原因。针对中国师生局限于一本教材教学的现状，教师可以好好反思：为什么不向国外教师学习，开一些书单给学生，让学生买书、借书，鼓励学生充分利用现代化手段查阅资料或上网淘课？学生没兴趣听课或上课玩手机，教师需检讨自己：讲课是否生动有趣，是否足以吸引学生注意力？平时是否重视学生的意见与课上反应、课下反映？是否照本宣科？是否与时俱进？有没有理论结合实际？是否因材施教、因人施教？是否教学进度太快、教学难度太高、讲授的知识点太多，让学生一时接受不了或导致他们厌学呢？是不是没跟上学生的思维，落伍了？是不是自己一言堂，给学生思考、质疑、解答锻炼的机会少，抑制了学生的发展潜能或扼杀了学生的创造力了？是不是想利用学生出色的考试成绩或优异的比赛成绩作为晋升的途径和工具？是否重视应试教育胜于素质教育，强调了知识性、记忆性和解题技巧，却忽略了培养他们其他能力？教师应该采取什么方法让学生的潜力、想象力、批判力、创造力得以充分发挥呢？

诸如此类的问题，如果教师能常反省自己，认识到自己的缺点与不足，不断努力完善，那不仅能实现自己的价值，也将造福学生。

如果用教师的思维方式、观点和看法审视学生，不满和失望将充斥于心，稍不顺心如意就批评学生。教师要反省自己：批评时，自己的定位是否对，选择的角度、扮演的角色是否恰当。比如，同样一个问题，批评时，教师究竟是从自己角度、学生角度还是其他角度进行评论，事关重要。因为，它们会影响教师批评话语的使用，进而影响教书育人效果。当学生考试成绩没及格，如果教师从自己的角度看，会害怕学生的不好成绩影响自己的业绩或奖金，可能责备学生说：“你也不为我争口气，因为你，我们都受影响了。”假若教师把该学生与其他通过考试的学生或最出类拔萃的学生相比，会认为该学生是最糟糕的学生，说：“你怎么就不能像其他同学那样考好些呢？”如果教师注重从学生本身的进步来看，可能会说：“不错，比以前好多了，继续加油，争取以后更上一层楼！”显然，这三句话中的最后一句话让学生更感到温暖和鞭策。无疑，从学生的角度出发，以学生为本最为重要。

教师应好好反省教育价值取向。反思批评究竟是对事还是对人，是帮人还是整人。反思自己是否自以为是、先入为主，还是进行了深入了解和调查研究。因为批评总是会对学生产生一定影响，如果批评错了，后果很难挽回。如果不想伤害学生，不想造成他人的痛苦，而是助人健康成长，教师就应该想方设法批评得体，悉心呵护学生。

如果教师被告知批评错了，冤枉了学生，应该立即道歉。比如说："谢谢你告诉我，你私下做了那么多努力，而我没了解清楚情况妄作评论，实在对不起！"更为重要的是，教师应该常常反省自己，一旦发现自己批评学生不当或批评错了时，必须主动及时道歉并加以纠正。要敢于向学生承认自己的错误，敢于担当，知错就改。比如诚恳地说："对不起！错怪你了/误解你了/让你受委屈了/我语气过重了/我操之过急了/批评过多了/要求过分了/武断下结论了/我太孤陋寡闻/我处理问题太简单粗暴了/我看问题太片面了/我太囿于一家之说/我只从教师的角度思考问题了/我没设身处地为你着想，批评你错了/批评有失公道/是我自己的过错。"或"我真诚向你/你们道歉/抱歉/致歉，不好意思，由于我的过失/过错/失态/话语失当/情绪失控等，伤害/危害/影响了你/你们……请多多见谅/包涵。""如果我错了/有不对的地方，请立即指出，我一定虚心改正。"教师通过诸如此类的致歉辞真诚悔过，以示自己敢于担当、勇于负责、尊重学生、有错即改。这样，学生会为教师的谦逊态度而折服。更为重要的是，教师通过反省自己的言行，清醒地认识过错，敢于自我批评，不仅能有效促进自己改过自新，而且教师率先垂范，对学生也是一种感化和启迪，从而影响对方行为，产生正能量，创造新奇迹。

反之，如果教师出了问题不先从自己身上找原因，推诿逃避责任，显然不利于问题解决，而且对学生也产生坏影响。现实中，一般人犯错后都喜欢找借口开脱责任。从学生修改教师的批评话语中，笔者发现，学生犯错后也习惯于找各种理由和借口为自己辩解。

一个人的不良言行的产生是有诸多原因的。了解与分析原因有其必要。通过调查研究比对发现，教师批评话语比较简短、直接，而学生所改写的批评话语相对较为冗长、间接些。学生有意识地提供了更多的信息以示事出有因。学生更注意原因的找寻，而教师更注重问题结果的呈现。学生和教师认识问题角度不同，凸显的内容也不同。学生想要面子，出了问题，尽量找缘由或理由减轻自身问题；教师则关注问题，话语的焦点在结果上而不是原因。批评如果只聚焦问题，或强调原因，都有碍于问题的解决。

如果想有进步，必得先学会自省。而自省需要正识、正见、正觉、正解。如果人的认识有误，自我感觉太好，从不自我批评与反省，一切就难以改变。自我批评与自省不仅能帮助教师，而且能帮助学生认清思想、行为及言语的对错，找到问题的根源，清楚如何改进。

匪夷所思的是，学生犯了错，教师（如前文所示）常问学生为什么或怎么会这样，但当学生真的解释时，教师根本不愿听，甚至不容学生为自己申辩。比如训斥学生说："不要找借口、找理由了，谁不知道是什么回事？"这样做让学生觉得相当委屈不服。凭什么教师就不信任人，难道学生有理也不能说嘛？

因此，教师有正知正见，同时还需虚心、耐心。完全不给学生一个解释的机会是不合情理的。如果能倾听学生解释，既显示耐心，又能查明原因。这样既能免去不必要的曲解或误会，又能据此找出相应的改进方法。

犯错者接受批评难，改过更难，故常屡改屡犯。教师要自省检讨自己是不是急于求成，有没有耐心和毅力坚持不懈地陪伴学生改变和成长。学生喜欢找借口、找理由为自己解脱，教师要理解学生，更要深入他们的内心世界、了解他们的心理。通过查找原因或分析缘由，表达体谅，又不失时机指出问题，指明今后努力方向，正确引导学生。同时教师也要清楚地告诫学生，如果不从自身主观内因找原因，只是找客观外在原因，问题难以得到解决。教师要向学生敞开自己的胸怀，让学生了解教师的思想，感受教师的关爱。这样不仅有助于师生相互信任和理解，而且利于促成学生根本性地转变。

当然，学生也应懂得要为自己所做的事负责任，要从自身找原因。就拿学生逃课原因来说，如果把逃课的原因都归结于教师讲课乏味或是教材无趣，那就是舍本逐末了。只有愿意改正错误的人才会坦诚接受批评，不极力辩解、掩饰自己的过错，也不会找借口推脱责任。"在生活和工作中，几乎没有不犯错误的人，但犯错并不可怕，可怕的是不承认错误，而是还要千方百计地为自己的错误找理由辩解。事实上犯错误后，只要你认错并改正，是会得到原谅的。”（万小遥, 2012）

自省有助于教师改变心态。批评对人产生积极或消极作用，全取决于接受者自身如何对待批评的认识与态度。由于看法、想法不同，人们常常身受虽同，心受却异。如果你认为教师批评你是存心挑你的刺，想修理你，让你丢脸献丑，你会忿忿不平、忌恨、消极抵触，痛苦不堪。如果你认为教师批评你是帮助你清除前进道路上的绊脚石，以便你一帆风顺、鹏程万里，你会开心、感恩、积极奋进。

虽然批评会使人一时难受痛苦，但它比表扬、赞美更能使人成长。应用一颗感恩的心去感谢批评者的关注、关爱。不管对与错，他们至少警示了我们，他们的批评使我们胜不骄败不馁，更具活力，更好发挥自身潜能。批评锻炼了我们的承受能力，教会我们坚强，使我们变得更有担当。经过批评这熔炉的锤炼、打磨、煅造，我们的内心变得强大，而且借助批评的智慧和力量，我们能不断完善、改变和升华自己。

自省有助于我们找到方法和出路。有些教师只顾指出学生的缺点错误，不管学生犯错原因，不提改错方法或建议。当学生评教指出教师的问题时，教师也会抗拒、反感，并千方百计地为自己辩解，认为问题出在学生自己身上。其实，对于他人或学生的批评意见，教师应本着有则改之、无则加勉的态度。最好从自身找原因，剖析自己，而非转嫁于学生。万小遥（2012）说：“虽然我们无法改变一些现有的问题，但是我们能改变自己对借口的态度——不找借口，找方法！”找借口表明教师推卸责任，不愿反思，说明教师讳疾忌医，不愿意成长。如果教师进行自我反省与自我批评，教师就能找准出错、出问题的原因，抓住问题本质，找出恰当方法，避免或解决问题。如果教师能够接受他人批评，并善于利用他人批评反省自己，就能更好促进自我进步和完善。

“君子之过也，如日月之食焉。过也，人皆见之；更也，人皆仰之。”谁都会犯错，有错只要认错改过，就值得尊重。其实，有时候，有些错误让人从中学到更多东西，特别是通过汲取经验教训，就能少犯或不犯同类错误。能深刻自省，知错认错，知错改错，是明智的做法。

从学生的角度来说，一定要相信教师，也相信自己。以开放、平和的心态去接受批评，相信教师对自己好，相信自己很好，改掉不足就更好。从教师的角度来说，要做学生的良师益友，做一个善为学生治病的良医，做学生健康发展成长的助推者。

自我反省与自我批评对教师重要，对学生同样重要。学生并不是消极被动的客体，他们的主体性应该得到重视和发挥。比如，教师要注意批评话语对学生主体来说是否能接受，产生效果如何。而学生作为主体，应正确地面对批评，积极进行自我批评，深刻反省，努力改正，这样才会为自己营造一个无悔的人生。

通过自省，应让学生自己亲身感悟到批评与自我批评有异曲同工之妙。批评与自我批评是自我改变的契机或转折点。不批评，就可能不知晓自己的问题所在，因而没有及时改进，致使今后为其所限并承受它带来的痛苦和恶果。

通过自省，让学生自己意识到如果不接受批评，那就是对自己不负责任，自己放弃良机得到他人指教。毫无疑问，抵制批评的人肯定不愿做自我批评。这将积渐成变甚至恶化问题。如果他人的批评能引发本人的自我批评，或是自己能自觉主动地进行反省与自我批评，那么肯定会有实质性的改进与改善。

通过自省，让学生自己明白要有良好的心态，坦然面对批评，乐于接受他人指教，不找借口逃避或指责、归咎他人，而是多做自我批评，想尽办法改正自身不足。

通过自省，让学生切身感受自省与自我批评的好处，对自己的问题由不觉到知觉，对自己的管理从自觉到自治。

通过自省，让学生自己感悟批评的益处，由衷感谢教师的教诲。即使教师批评存在这样或那样问题，想到教师的本意及批评本身都是出于对学生的关爱，就应该理解和谅解，并虚心接受批评。由衷感谢教师的批评使自己警醒，帮助重新认清自我，走出混沌，迈向新的人生。

珍珠，是蚌病之后，对错误的补救，因祸得福。“蚌病生珠”的现象说明，犯错没关系，通过批评与自我批评，悔过自新，汲取教训，增加免疫力，可谓是坏事变成好事。

我们党成就伟业的历程也昭示着，中国共产党之所以伟大，并不是从来不犯错误，而在于我们党具有批评和自我批评的自觉，具有自我纠错的能力。

简而言之，批评与自我批评对每一个人来讲都是一个重新认识自我的绝佳机会，它使我们知道自己有哪些方面的缺陷和不足，并促使我们思考该如何改进提高。有时我们犯了错自己全然不知道，即使知道，如不自觉，也难以约束自己，而且容易重犯。批评对犯错能起到有效的遏制。批评可谓是一剂清醒剂、消炎药，帮助犯错者修正康复。而自我反省与自我批评是自己自觉向内的寻求，是发自内心想有所改变。无论教师或是学生或是管理者，都应该自觉自省，通过内力进行洗心革面，依靠自己的力量、智慧和毅力来改变自我。请坚信，自我反省、自我发现、自我完善，自己主动去改一定比他人逼迫改，实效更好。

值得欣慰的是，评教评学有助于师生的批评与自我批评工作的开展，又促进良好学风与教风的形成。评教评学使师生作为批评者和被批评者的身份可互为转换。如果彼此发挥各自的主体性，自觉反省、自我觉醒、主动改变，批评与自我批评将促进师生相濡以沫，为真理，为求知，为进步，为创新，为国家富强尽其所能。

6.2.7 启迪式——批评与创新、发展

欠缺与不满常常是批评的动因，而批评旨在促动改进、改变或完善。教师在实施批评时，对学生不只是言行的教导，而是人文的关怀和心灵的开启与教育，要帮助学生突破自身局限，实现自我超越，赢得新的发展。

易中天（2011）说："智慧与知识不同。知识属于社会，智慧属于个人；知识可以授受，智慧只能启迪。"成功专家罗宾曾说："每个人身上都蕴藏着一份特殊的才能。那份才能犹如一位熟睡的巨人，等待着我们去唤醒他。"每个学生都有自己的闪光点，作为教师，要了解和熟悉自己的学生，要独具匠心，能洞悉问题，用心、用情、用理开启学生的心门，充分挖掘他们的潜能，帮助他们成才和成功。

显然，不能只关注挑学生的毛病，而是要帮助学生寻找改进、突破的途径与方法，更为重要的是帮助他们找到开启心智的钥匙。凭借批评"引擎机制"，教师将助学生行得更快、飞得更远。

启迪方式多种多样，但因学生不同，情况不同，目的不同，教师需灵活变通，动态顺应。比如，当一些学生年轻气盛、好高骛远，忽视当下的努力时，教师适时引用名人名言警句提醒感召学生，激励学生重

视过程、重在行动。如：Every little helps. Sow an act, and reap a habit; sow a habit, and reap a character; sow a character, and reap a destiny.

另外，也可以采用变通的批评方式，讲述相关的故事，推荐相关书籍、文章、演讲或电影，介绍相关的楷模人物等方式，间接表达自己的思想、看法、态度，让学生无形中受到感染，得到启迪，有所感悟和变化。可以摘取俞敏洪2010年6月2日在同济大学的演讲中片段："像我这样，相貌没有什么特点的人也能取得成功。所以不管是男是女，最重要的是自己内心世界的丰富，自己风度和气质的培养，自己胸怀的扩展以及对理想目标坚定不移的追求。随着年龄的增加，这些会慢慢变成你的智慧，所有这一切才是构成你成功的真正的本质。"大家公认的偶像或敬佩的人物抒发的肺腑之言更触人心弦，令人信服。

为学生品格、性格养成，教师可重述一些名家之说，启迪学生心智。比如，借古喻今，引导学生完善人格。教师可以说："如果有臧武仲的智慧，公绰的廉洁，卞庄子的勇敢，冉求的才艺，那简直是了不起的人，即使哪怕只要有这四种美德中的一点就不得了。可是在孔子看来这四种品质集于人一身还不是一个完人，你们知道完美的人还需什么品质吗？想想看！请听孔子曰：文之以礼乐。一个完美的人应勇敢、智慧、廉洁、有才艺，而且还很懂礼乐。请问，当我们与他人发生激烈矛盾冲突时，我们能以礼来节制自己，理性地、智慧地解决争端吗？"不着批评字眼，没用训斥口吻，但却启迪和教化学生。可见，作为教师，博学多才，自身修养，内在素质，人格魅力无形中对学生更能产生正向影响。

大自然孕育万物，美妙神奇，从中汲取灵感，启迪学生，感同身受。笔者曾种了两颗辣椒，并特意把一棵大一点的辣椒苗放在靠阳台里边的盘里，一棵小一点的辣椒苗放在靠阳台外边一点的地方。结果小辣椒苗因阳光照射茁壮成长，且开花结果，而那盆大的辣椒苗因长期照不到阳光，渐渐萎缩、干枯死去。由此笔者悟到，植物被我们栽在一个地方，作为客体，它们无法自己移动去寻找阳光，而人，作为主体，完全可以发挥自己的能动性，改变自己的不利环境。当太阳照不到我，我就主动迎着太阳去。而且无论何时，即使身处逆境或遭逢风雨，只要我们心中有太阳，人就阳光，就有希望。显然，引导学生观察自然界，亲身参与体验，自然会有别样的感受和洞见。

采取研究性的尝试或合作学习等多种实践活动启迪学生心志，激发其探索进取精神，培养其分析、解决问题能力，发展其潜能。比如，在词汇学课程中，布置学生根据自己的兴趣选择词汇学某知识点进行探索性学习研究，在阅读大量相关文献的基础上，拟定研究的中英文标题，并书写研究报告与体会。经由教师点评问题，与同学们切磋交流和分享，学生亲身体验科学学习与研究，延伸了书本学习，拓展了兴趣，开阔了视野，锻炼了能力，并为后面的学年论文，乃至毕业论文的撰写奠定了良好基础，更是促使学生为完善个人或策划未来有了新的思考。

只要对学生用心，启迪可发生在谈笑之间或细微小事中。当一些学生不善于归纳要点、整合知识，不注意策略的运用，教师可以通过话语诱导调控，引导学生自我反思、自我批评和自我改进。比如，当对方话语杂乱无章时，故意提问："你的主要意思是……吗？"当对方的表述较笼统时，有意识地提醒："你能否一项项地表述清楚？"在用"误导"造句时，一些同学只会用"mislead"一词、不知道用其他表达方法，教师可以引导学生采用构词法，一下就能创造性地运用，丰富其表达，如："misguide，misdirect，misorient，etc."又如，刚接手教新生，点名时，有意把同音、同姓学生和相近或相同名字不同姓的学生（如，李洋、石洋洋、鄢阳阳）一起记识。启迪学生说，就像记识英语单词一样，需要寻找联系，发现共同点、不同点，这样才能提高记识效率。同样，学习也需找到诀窍，运用策略，就能取得事半功倍的效果。这种重视过程学习比只重视结果的说法"好好学，一定要考出好成绩"更有利于学生的健康发展与进步。因为过分强调结果，如成绩和成功，会给学生增大心理压力。倘若受挫，学生不堪打击。

启迪，不妨采用反面事例或严重后果警醒学生。如："现在努力还为时不晚，否则身为英语专业毕业生，英语水平和能力远不及一些理工科专业毕业生，情何以堪？"促使学生的危机意识增强，不再蹉跎宝贵青春年华。

启迪，可通过教师的评语显示一种导向，营造一种氛围，倡导一种精神：积极思考、积极参与、勇于尝试、不怕犯错。让大家感到，在学习的过程中，人人都可能犯错，错误或失败同样能让我们增长见识，学到知识，积累经验。让同学切实感受到，只要抓住机会多尝试，每一次锻炼都会让我们有所进步和提高。实践了，体验了，即使错了，我们得到的教训和促进更大。

启迪，也可通过改变视角，互换角色，多元思维获取不同感悟。有一次学校的教职工对笔者说："人大代表，有对年轻的在读博士夫妇收养了几只野狗，天天狂叫，影响我们生活与工作，你帮我们反映一下情况，督促学校出面管管。"在这之前，笔者曾听过一些传闻，知道这对年轻夫妇是因为看到野狗在冰天雪地产下的小崽可怜，便把它们抱回家来饲养。鉴于此，当笔者碰到他们时，先赞美他们的善举，并说自己虽然心存善念，但是特别怕狗，自己绝对做不到像他们那样善对动物。不过，你们既要求学，还要教书、养孩子、养狗，你们不是增加了好多烦心费力的事呀？出乎笔者意料的是，他们说养狗帮助他们培养了爱心和耐心，如果以后他们有小孩，他们更懂得该如何一起承担责任，共同照顾和抚育好孩子。笔者庆幸自己当初没有只从批评他们的人角度思考问题。于是笔者接着问，是不是不好驯服流浪狗仔呢？听说它们狂吠打扰了周边居民，由此引起不满，要是能找到好的办法尽早调教好它们就好了。他们说他们已意识到该问题，正在尝试解决。后来，在校园里看到他们的狗乖顺可爱多了，笔者情不自禁地赞美了一番。他们告诉笔者，他们特意求教了宠物医生，得知狗仔问题严重的症结就在于它们是在野外出生，从小就有极度不安全感，造成防备自卫心尤其强。因此，他们根据兽医医嘱，想方设法让它们感受到的是关爱，而不是伤害，逐渐驯服调教好了狗，与民相安无事。其实不然，多角度考虑问题，善解人意，真心助人，问题就好解决。而且换位思考，理解了他人，也丰富了自己的见识，启迪了自己。人与动物、人与自然、人与社会，人与人之间有许许多多值得借鉴和学习的地方。毋容置疑，人民教师有义务和责任让防备心很强的问题学生丢弃为保护自己而竖起的刺头，让他们内在原有的美德真实显现出来，帮助他们做最好的自己。

启迪，意味着教师需要把一些积极正向的新思想、新观点、新方法、新经验传递给学生并影响他们的行为。比如，中国学生不如国外学生积极主动回答问题，不愿参与小组、团队合作活动，即使参与，有时也只是挂个名而已，不做任何贡献。笔者的个人感悟是："本事是练出来的，自己拥有，一本万利；与人分享，其乐无穷。"以此明示学生不虚度时光，珍惜每次机会，努力实现自我价值。

启迪，最重要的就是要激励学生发挥其主体性和创造性。针对学生的问题，用问题、任务、创意活动等促使学生发挥学生的主体作用，激励他们采用不同的思维方式、用不同的方法、从不同角度解读、解答、解决问题，使其自主性、能动性和创造性得到充分发挥。如："某某同学从作者的角度进行了清晰恰当的阐述，我们是否能够再从读者的角度或从其他角度进一步探讨这篇作品呢？""英语学习起步阶段时，我们可能有必要鹦鹉学舌，模仿学说，但接下来，我们应该用所学知识表达我们自己的思想观念情感看法。"针对学生一听到教师提问便慌忙翻书想找现成答案的坏习惯，鼓励学生积极思考，敢于挑战权威，大胆发表自己的观点和看法。

批评教育学生是教师行使做灵魂工程师的重要职责之一。当学生无明不觉，看不清自己的问题时，教师批评话语促使他们认清自己，纠正错误。启迪学生，也是挑战自己。教师必须不断开动脑筋、运用智慧激发学生的潜能，引导他们积极开创美好未来。

6.3 教师积极批评话语模式的意义和作用

基于"四性"评价原则建立的教师积极批评话语模式是一个非常有效、易操作的评价模式。它体现了以人为本、仁义礼智信的特性；它是一个多元视角、多样化方式、可调适的、多功能的积极批评话语模式。

操作使用积极批评话语模式，教师可按不同目的，不同语境，不同对象等采用合适的方式表述。积极批评体现在从积极意义和从正面考虑问题，利用问题，解决问题。积极批评话语体现以人为本、仁义礼智信的特点；体现教师从学生的发展需要出发，且考虑学生的心理和情感因素，用心灵、智慧、情理、真诚感召学生。它有助于批评者睿智机巧处理问题，把好情感"闸门"，注意言语分寸；警醒学生但不咄咄逼人，显示出适度的包容、尊重、礼貌和得体。它采取多元视角，辩证对待问题，顺应语境变化，突出不同的关注焦点。大体分为：1. 以交际者为出发点；2. 只指事或指物，避谈交际者；3. 干脆不指明任何对象。它采用不同的主位表达，使得话语能够从不同的侧面、不同的视角触及问题。

积极批评话语模式至少有7种方式可供自主选择使用，发挥其功能作用。针对不同学生的表现进行个性化、灵活化、多样化的评价，从而激发学生个体潜能的发挥。选择适当视角、称谓、指称，选择不同用语、语序排列，采用间接话语、缓和词语、辅助语等方式表明言者的积极态度或立场，构建和谐师生关系。这个模式具有反馈、导向、激励、教育等多功能。由于它注重从不同侧面审视问题，因而更丰富了人们对人与事物的认知和情感态度，增强表现力和表达效果。它关注受话者，反省自己，有利于交际双方的协商和互动，主体间性发挥。

邓小平同志是建设性批评的倡导者。他主张共产党员的批评，“应该是建设性的批评，应该提出建设性的改进意见”或“积极的建议”（1999）。可以说，批评是一种不满现状的表达，这种不满足通过积极建设性方式传递出来，能够促使人与社会有所改变、改进和改善。教师积极批评话语模式有积极正面、建设性的作用，能够创造一种良好的教育教学的语言生态环境。采用这种灵活多样的积极批评话语模式，能使批评话语更具有策略、更艺术、更令人易于接受而且从中受益。

6.4 小结

本章节根据学生视角的教师批评话语的分析研究，发现问题，总结规律，制定批评话语的“四性”原则，并构建了积极批评话语模式。该模式表现形式多样、功能多重。它体现了教师积极面对问题，多元认知问题，辩证对待问题。它彰显了教师的睿智和机敏，渗透着教师的情义和责任心。它有助于师生增强批评话语的认知和感知能力，以及批评语用能力。它帮助人们在动态的教学过程中自觉遵守一些原则，适时调节自己的角色，选择适当词语、句式、语气、语调表达思想、情感和态度。它能有效地教书育人，确保教学实效，促进学生的可持续性发展。

程雨民在《人本语义学十论》（2010）中说：“从人应用语言的角度，讲人说话和写作怎样既受语言的制约，又总要求语言满足他的需要，而且从总体上看必然是人的愿望得到满足。归根到底人是主宰。”批评者有必要选择恰当的言语，表达自己的态度、意图和目的，同时还要满足接受者的需求。

总之，批评有法，而无定法。批评是一门高深的学问，是值得不断学习、探讨的教育艺术。教师应该针对不同的学生个体和教学教育目的，动态把握和顺应，采用形式多样，灵活多变的积极批评方式，适时进行恰当得体的、有针对性的和导向性的课堂教学评价，力求达到最佳表意效果、交际效果和教学教育效果。

第七章 结语

教师批评话语是一种言语活动、言语行为。它是中国的一种特殊教育活动，有着特殊重要的意义。以往的研究，鲜有从学生视角收集语料，利用Wordsmith工具，进行系统功能–语用研究。这项研究改变研究视角，有助于加深师生相互了解，促进教师改变观念、改变教育方式，更好促进师生共同进步，以及社会和谐发展。

本书以学生最难忘、最受影响的教师批评话语和学生所期望的批评话语为语料，是因为它们能反映教育中存在的普遍的现象和问题，以及具有典型性的评价语的特征。从学生视角研究教师批评话语也是为教师授业传道解惑把脉摸诊、另辟蹊径。

人活在语言中，人不得不活在语言中，人活在程式性的语言行为中（钱冠连，2005）。人类的生存须臾不可离开语言，教育当然也离不开语言。深入调查研究教师批评话语的状况，揭示消极负面的批评话语特点，倡导积极正面的批评话语模式，营造健康的语言教育氛围，非常有现实意义和实用价值。

对于问题要敢于批评，但更需善于批评。批评一定要适事、适人、适时、适度、适情。批评话语要集仁义礼智信之大成，有效达到预期的教育目的。

对中国教师批评话语进行研究，能够从某个侧面反映中国文化、教育的特点、师生关系、价值观等。从学生视角研究教师的批评话语，笔者注重学生的反应和需求。根据对学生的问卷调查，采用语料库分析工具，对教师批评话语归纳分类，分析不同批评话语类型的典型特征，以及所隐含的思想意识、态度、情感、人际关系、权势关系等；关注学生接受批评话语的态度和反应；分析教师批评话语对学生产生的影响和效果；讨论批评话语折射出的社会、教学教育等问题（如当前的应试教育和教师评估体制对教师造成的压力和影响），探析不同批评话语的语效。这些探讨无疑有助于师生提高语用意识，增强语言的敏感性，提高语言艺术。更为重要的是，通过该研究促使反思教育教学问题，改进提高批评教育现状，推动个人和社会进步。

在社会的发展与人们的成长过程中，不可避免地会有这样和那样的问题。如果老师对学生的问题视而不见、不批评，那么就是对学生不负责。如果只注重表扬赞美，不指出问题，不利于人们和社会的发展进步；一味批评或不当批评也会挫伤人的积极性，影响进步发展。

笔者力图通过对教师批评话语的研究，推崇一种合适有效的“文明的、合理的语用方式”。这会产生积极正面、建设性的作用，能够创造一种良好的语言生态环境，有利于构建和谐师生关系，取得良好的社会效应和教育教学效果。

7.1 研究结果概述

本研究目的不是仅仅找出学生最不喜欢的教师批评话语的特征和学生所期望的批评话语特点，而更重要的是构建积极批评话语模式，帮助教师和学生提高批评意识，增强批评语用能力，更好发挥批评的激励、鞭策、警醒、教育等作用，促进教育教学，个人与社会的进步和发展。

批评不是击垮学生，而是引导、疏导、指正和扶正学生。批评体现关爱学生，关心学生健康发展，但要注意不要把关爱变成伤害。积极批评是最好良策。要注意关注直接和间接原因，有形与无形的影响，现在与未来的联系等等，助学生成长、成人、成器、成功。

本书共分七章节。在引言中，概述了教师批评话语研究、学生视角中国教师批评话语研究意义、研究目的、研究问题、研究方法及全书结构。

在第二章节中通过介绍系统功能语言学发展概况，Halliday三种元功能、Martin评价理论概要、Halliday和Hasan、Martin语域与语类研究以及Mey批评语用学理论与方法，提出系统功能语言学–语用学研究框架。笔者发现，系统功能语言学家历来注重意义和功能的研究，系统功能语言学与社会实践紧密结合，是一门适用语言学。Mey（1993）认为，批评语用学应该将语言使用者（而不是语篇或话语本身）作为“批评”的对象。这点正好可以与功能语言学研究方法互补。不仅仅要研究教师批评话语，而且要研究批评者和受批评者。从教师与学生的角度进行评析，更能揭示问题和解决问题。综合借鉴他们的理论有助于学生视角的中国教师批评话语研究和构建一个适用的积极批评话语模式。笔者论述了Halliday三大元功能（概念功能、人际功能和语篇功能）和Martin评价理论（态度、级差和介入）的要点，为后面的章节分析进行必要的理论铺垫。笔者探讨了语域与语类，因为笔者认为它们有助于笔者教师批评话语的理论与实践研究。笔者发现，系统功能语言学和语用学互补性有利于研究教师批评话语。笔者观察到，Halliday强调适用语言学，Martin倡导积极话语，批评语用学主张弘扬积极社会语用方式，他们都是以积极的态度对待社会问题。教育工作者应该以他们为榜样，以积极的态度对待社会、教育问题，担负起义不容辞的社会与教育责任。

在第三章，笔者论述了课堂教学评价语在课堂教学的重要性。认为评价既是主体性的又是主体间性的，教师批评话语是有关学生的问题的评价。在这章，笔者介绍了问卷调查的目的、对象和范围；问卷调查设计内容项目；问卷调查数据统计与处理方法，进行了问卷调查结果分析与讨论。笔者选择的调查对象是华东交通大学学生。从学生那里采集的教师批评话语语料，笔者利用Wordsmith 4.0进行了语料处理，并进行了调查数据的统计与分析，归纳总结列出了10个A与C类词语对照表，为后面章节进行功能–语用分析提供翔实的数据资料，为建构积极批评话语模式作强有力的支撑。

第四章重点对 A类与C类教师批评话语进行功能研究。笔者运用Halliday的元功能，并结合Martin的评价理论对经语料库处理后的A类与C类教师批评话语进行功能研究分析，主要集中对概念功能、人际功能和语篇功能方面进行分析。笔者将不当的教师批评话语和学生所期待的教师批评话语的语言特征进行比较，探求原因，阐释意义，为改进教师批评话语寻找突破口，摸索可借鉴的经验与教训。从三个元功能中，笔者选择概念功能中的话语范围和及物关系过程中的物质过程、心理过程和关系过程考察，发现A类教师批评话语折射了教育重考试、焦虑浮躁的现象。批评话语中的物质过程（如：“做什么”“干嘛”“怎么搞的”）内容空泛，言之无物，这种批评话语显然对学生无指导性和建设性意义；心理过程反映出教师主观意识强；关系过程反映出教师描述和呈现的状态和师生关系等比较消极负面。在人际功能部分，笔者考察了评价理论的三个方面，发现批评话语中的判定和鉴赏都是由教师对学生的表现和状态不满或失望而发，因而显性负面判定和显性负面鉴赏比较多。而且鉴赏主要集中在反应的影响和社会价值上，但在反应的质量以及构成方面的鉴赏不多。这些再次证明A类教师批评话语的问题所在：批评不到位、言之无物。通过介入分析，笔者发现，A类教师批评话语断言多，缺乏多声与互动性。级差与韵律分析显示，人际意义的实现具有韵律性特征。作为人际功能的一个重要组成部分，评价意义的实现方式同样是韵律性的。A类批评话语负面评价显强势。同时，笔者对表人际意义的情态及语气词进行了探究，发现A类情态词语较少，且高值情态过多，语气过重。最后笔者对语篇功能中的主位系统和衔接手段分析，结果显示批评视角同样负面。而C类批评话语总体与A类批评话语不同，明显语气和缓，更趋客观实在，隐性积极正面判定和鉴赏增多。C类学生修改的批评话语显示了学生的需求和期盼。原有A类批评话语中的夸张、讽刺和直言基本被改为间接和缓的批评。

第五章针对奇怪的现象，即虽然有相当多的学生在有关学习型问题的变量上选择直言，但实际遭遇批评时，还是偏向间接方式的低调陈述。笔者认为功能语言学解释不了这种语用现象或间接言语行为，需要语用学进行补充阐释。因此，探讨了修辞与语用、批评话语与言语行为，然后分别对直言、反语、夸张和低调陈述进行了批评语用研究分析。研究发现低调陈述、夸张、直言、反讽都可以用于评价，表明观点、看法、态度。它们使用得当如否，与语域和语类有关。不同种类的批评（如文学批评、学术批评、教师批评）应有区别。在虚构的文学作品中，作者可以恣意讽刺和夸张，极尽批评之能事，让社会或人性的丑陋、恶行等暴露无遗，并予以强烈抨击。但在人际交流中，尤其是师生之间，教师的批评话语就要谨小慎微。语料研究表明，反语和夸张应该尽量不要用于批评学生；直接陈述可视语境而用；低调陈述比较适宜。笔者提出必须重视A类教师批评话语和C类学生修改的话语存在的问题，摒弃一些不当的教师批评话语模式。学生修改的话语为改进和提高教师批评话语提供了重要的参考依据，必须高度重视他们修改的话语中反映出的一些语用问题和思想意识等方面的问题。总而言之，由A与C类折射的个人、社会与教育问题都要引起高度重视。笔者主张师生共同提高批评语用能力，正确对待批评教育，充分发挥批评之功效，促进个人的完善及社会的进步与发展。

在第六章中，通过观察与比较分析大量基于语料库处理的A与C类的批评话语实例，找出相似点和差异，归纳不同的类型的批评话语使用规律，并探寻发现学生所期望的批评话语特点。笔者从学生视角对中国教师批评话语进行客观的描写，而且通过功能–语用分析，揭露社会、教育、教学问题。更为重要的是，笔者采取积极的态读，提出解决问题的建议和措施，即制定“四性”评价原则，并根据该评价原则构建教师积极批评话语模式。该模式具有积极性、建设性和实用性。它彰显了教师的睿智和机敏，渗透着教师的情义和责任心；体现了教师积极面对问题，多元认知问题，辩证对待问题。该模式表现形式多样，且具多功能性。它有助于师生增强批评话语的认知和感知能力，提高其批评语用能力。它帮助人们在动态的教学过程中自觉遵守一些原则，适时调节自己的角色，选择适当词语、句式、语气、语调表达思想、情感和态度。它能有效地帮助教师教书育人，确保教学实效，促进学生的可持续性发展。

唐代文学家韩愈在谈到语言效能的问题时指出：“仁义之人，其言蔼如也。”19世纪美国哲学家、诗人拉尔夫·埃默森说过：“教育成功的秘密在于尊重学生。”本调查研究以强有力的事实证明，教师教学水平再高，若批评教育学生失当，很可能前功尽弃，事与愿违。教育学生时，教师不能不顾及学生的心理感受。唯有注重学生的主体地位，尊重和善对学生，中肯或巧妙指出学生问题，才可能有助于教育事业的成功。

学生在学习成长过程中，不可避免犯这样或那样的错误。应该针对不同问题，根据不同学生的特点，针对学生的实际需求，选择适当的批评话语，进行积极批评教育。从学生的视角研究教师的批评话语可以帮助教师更清楚地了解学生的情感、态度和观点，更准确地得知不得体与得体的教师批评话语的模式，从而扬长避短，切实提高教学教育水平和效果。

教师的批评话语体现价值取向，对学生无形中会产生深远影响。通过批评，教育那些放任自己或没意识到问题严重的学生。借助外力促使他们发挥主观能动作用做好自己、完善自己。如果批评让学生认清自己，注重扬长避短，激活潜能，成为栋梁之才，那是教师的无上荣光。

7.2 研究创新点

该研究和现有的教师批评话语研究成果相比，具有以下几个方面的创新点：

1）本研究采用学生视角，探讨中国的一种教书育人方式，即批评教育方式。通过调查问卷收集学生记忆中最为深刻或影响最大的教师批评话语（A类）和学生改写相应不当的教师批评话语（C类），经语料数据统计分析，找出学生最不喜欢的教师批评话语的言语特征和学生所期盼的教师批评话语的言语特征。尤其对一些隐性的批评言语构式（学生极为反感而老师没有意识到）进行了揭示。

2）融合系统功能语言学和语用学的理论与方法研究教师批评话语。利用系统功能语言学在语篇分析上的优势，对经语料处理的A类与C类批评话语进行概念、人际、语篇功能分析，据实客观得出恰当与失当的教师批评话语的典型特征，并探析其折射的问题和引发的思考。利用语用学在探析语言使用者和接受者方面的优势，针对A与C类的言语特征及其出现的一些变异进行批评语用阐释，从而补充和深化教师批评话语研究。

3）基于学生反映出的教师批评话语的问题，制定了“四性”（针对性、导向性、多样性、得体性）评价原则，构建了积极批评话语模式（非人格化方式、辩证方式、修正方式、积极正面方式、委婉低调方式、自省方式和启迪方式），指导人们正确认知、调控、有效运用批评，提高批评语用能力。

该研究倡导国人与社会端正批评态度，善于批评、积极批评、勇于接受批评，借助批评的智慧与力量，促进个人与社会的健康、良性、和谐发展。它是笔者基于语料库，融合功能-语用理论与方法研究的新成果，有相当的理论和社会实用价值。

7.3 理论与实践启示

该研究采用理论框架为系统功能语言学和语用学。如何把这些理论融会贯通，用其来分析、阐释或解决实际问题，研究者一定要有较高的理论水平，清晰的分析头脑，敏捷的综合运用能力。

从学生视角可以得知教师批评话语存在的问题，对此不能掉以轻心。同时，学生对待批评的态度以及修改批评话语反映出的问题应引起高度重视。在C类学生修改的批评话语中，有些表述也欠准确或妥当，也有语用失误；有些学生过于理想化，更注重情感的安抚，而不注意批评内容质量的提升。这样不合实际的企盼，一旦落空，学生会很失望和失落。更为糟糕的是，这很不利于发挥批评的正常功能与作用，不利促进学生健康发展。

应该注意，自己出现问题，不要把原因推到别人身上，而不反省自己。只有正视问题，敢于担当，采取负责任的态度，并积极行动，才能完善自己和改善社会。应认真反思我国的教育。教学不能以考试为重点，以成绩高低为标准来评判学生。教师应注重过程教学，培养和提高学生的综合能力和综合素质，尤其不能忽略培养和提高教师和学生的批评与接受批评的能力和水平。记得伟人拿破仑的一句名言："只有当你学会批评别人，而又懂得接受批评的时候，你才能成为像我一样的人。"可以推想而知，要成为成功的人，或优秀的教师或出色的学生，必须善于批评和接受批评。

Weisinger（2000）博士说：善于批评和接受批评不是一件容易的事。针对教师批评话语出现的问题（言之无物，主观臆断，情绪化），联想国人批评之风大大缺失，笔者认为这很不利于思想的激荡、创新思维的发展、事业的成功与社会的进步。人们应该重新认识批评，发挥其积极作用。积极批评话语对每人都有提醒导正作用。积极批评是提升个人和社会的动力。只有表扬，没有批评，这是不健康的社会生态。如果大家都能提出积极建设性意见，求同存异，社会和个人才会良性、可持续性发展。

正如朱永生、严世清（2001）所说，正是因为有了不同的研究重点和研究方法，不同的学派之间才有分工，才有争论，才有分歧，才有互补。所以，对不同于自己观点的学派，在进行评论、批驳的同时，应该采取宽容的态度。笔者认为如果学习者能够互相借鉴，取长补短，为我所用，也不失为一个新的尝试，新的进步。

Weisinger（2000）在《批评的力量》一书中说：提出批评和接受批评对于事业和个人成功至关重要。使用不当，批评招致灾祸和损害关系——但若使用恰到好处，批评是积极变化的强大推力。Alan Barnes（引自 Weiginger, 2000）也认为批评能使个人的智力和情感资产最大化。

教师批评不能只是为了批评，而是要让批评发挥其“改过、改正、改进、改善、改变”等功能。有时教师需要用批评唤醒麻木的意识、促动麻痹的神经、让学生有所担当、有所作为。若让学生愿意接受批评，心悦诚服，批评时不能以教师的思维代替学生的思维，一定要换位思考，感同身受。从学生的角度考虑，针对他们的需求，量体裁衣，对症下药。教师要用发展的眼光看待学生，不做悲观定论。

批评给学生传递正能量，消除负能量，如电脑祛除病毒，能运转正常；清除垃圾，运行轻松、快捷、高能。批评会起到醍醐灌顶的作用，令人警醒、反思、自责，从而促使人不断改进、完善自我，超越自我。

在一些充满智慧的人的眼中，任何批评都是防止错误的良药（万小遥, 2012）！教师批评学生是为了教育学生，解决学生的问题。正如Ginatt（2003）所说：“当问题出现时，聪明人不是马上追究过失，而是力图寻找解决之道。”人非圣贤，孰能无过？教师的职责是教书育人。学生有错，教师之过。教师应反躬自问，如何因势利导，帮助学生解决问题。教师应像园丁，批评如同浇花除草，剪枝修叶。园丁为树木长得更茂盛，花开得更美好，而教师为促进学生健康成长，做有用的人。

恰当发挥批评话语的作用，促使学生反思、多元思考，帮助学生在对与错、是与非中寻找普适性的认同，并做出恰当选择和采取合适行为，这是非常有实际教育意义的。笔者构建的积极批评话语模式，用积极、建设性批评去激励、影响、教育、培养、教导学生，有一定的理论基础和实践基础。但要完善它，还需各位同仁的多提宝贵意见，不断改进。如果大家共同开发利用积极批评的源泉，一定会感受体验到无穷的乐趣和好处。

通过学生视角的教师批评话语的功能–语用研究，笔者发现了学生最不喜欢的教师批评话语形式和学生所期待的教师批评话语形式。批评既有创造力，又有破坏力。积极批评可以变破坏力为创造力。积极批评能让对方在没有情绪抵触、精神重压情况下，认识问题，解决问题。笔者力图构建积极的教师批评话语模式，弘扬正面的社会语用方式，摒弃不当的教师批评话语模式。笔者力求通过积极的批评，影响人们的行为和思想，努力为社会公共领域的生态和语用文明建设做出应有的贡献。

7.4 该研究局限

由于调查取样不足四百，规模不够大，不能完全呈现中国教师批评话语的全貌。另外，因为教师批评话语与语境、对象等因素相关，一些变量研究不够深入、细致。在本研究中，笔者对一些变量忽略了，没有设计非常周全，如，城市／农村等变量。虽然笔者设置了男女性别，但由于统计疏忽，没有把它们具体统计到每个批评方式中去。因此，当笔者发现在一些变量上（如，学习、思辨、创新水平）选择直接和间接方式的学生数量接近时，无法综合其性别与性格进一步探讨。再者，教师批评话语语境依赖性强，语境预设和认知可能因人、因事、因时、因境等产生差异变化，不易辨清楚。本研究对有些语料只是进行大体分类概述，没有进行充分细致分类探析。

7.5 后续研究展望

在中国教师批评话语研究方面，本研究已走出了坚实的一步。笔者深感该研究有重要的现实意义和深远的社会与教育意义。教师批评话语研究是中国批评文化的一朵奇葩。在今后的研究中，可以进行共时和历时的中国教师批评话语的文化探讨，以及进行中西教师批评话语的对比研究。我们要不断丰富教师批评话语的研究，丰富中国批评文化的研究。我们可以借鉴西方批评文化的长处，革除中国批评文化的弊端；我们务必大力弘扬中国批评文化的智慧和宝贵经验。

必须承认，本书只是采用不同视角或理论与方法的互补性进行研究，还没有完全融功能–语用学–语料库理论与方法于中国教师批评话语的研究。因此，研究的广度、深度和高度还有待今后进一步提高。另外，由于时间和水平的限制，有些问题来不及做更加深入细致的探讨，如，对一些语料没有做更深入细致的分类。笔者期待读者的批评和指正。让我们共同努力，为我国的批评文化做出应有的贡献。

参考文献

Aijmer, K. Discourse variation and hedging[G]. In Aarts, J. & W. Meijs (eds.), *Corpus Linguistics 11: New Studies in the Analysis and Exploitation of Computer Corpora*. Amsterdam: Rodopi, 1986: 1-18.

Amante, D. J. The theory of ironic speech acts[J]. *Peotics Today*, 1981, 2 (2).

Annett, J. *Feedback and Human Behavior*[M]. Harmondsworth: Penguin, 1969.

Arnold, A. & H. D. Brown. A map of the terrain[G]. In J. Amold (ed.), *Affect in Language Learning*. Cambridge: Cambridge University Press, 1999.

Askehave, I. If language is a game — these are the rules: a search into the rhetoric of the spiritual self-help book[J]. *Discourse & Society*, 2004, 15(1): 5-31.

Bakhtin, M. Speech genres and other late essays[G]. In P. Morris (ed.), *The Dialogic Imagination*. London: Edward Arnold, 1994: 81-87.

Bhatia, V. K. *Analyzing Genre: Language Use in Professional Settings*[M]. London: Longman, 1993.

Bhatia, V. *Worlds of Written Discourse*[M]. London and New York: Continuum, 2004.

Black, E. *Pragmatic Stylistics*[M]. Edinburgh: Edinburgh University Press Ltd., 2006.

Blum-Kulka, S. Playing it safe: the role of conventionality in indirectness[G]. In S. Blum-Kulka, J. House & G. Kasper (eds.), *Cross-Cultural Pragmatics: Requests and Apologies*. Norwood: Ablex Publishing Corporation, 1989:37-70.

Brown, R. Classroom pedagogies — A syllabus for the interactive stage?[J]

Note: 部分文献作为参考，未在文中直接引出。

The Teacher Trainer, 1989(2): 13-17.

Brown, G. & G. Yule. *Discourse Analysis*[M]. Foreign Language Teaching and Research Press, 1983.

Burnett, P. C. Teacher praise and feedback and students' perceptions of the classroom environment[J]. *Educational Psychology*, 2002, 22(1): 5-16.

Blakemore, D. *Understanding Utterance: An Introduction to Pragmatics*[M]. Oxford: Basil Blackwell Publisher Ltd., 1992.

Blanck, P. D., H. T. Reis & I. Jackson. The effects of verbal reinforcement on intrinsic motivation for sex-linked tasks. Paper presented at the annual meeting of the American Psychological Association, 1979.

Bolinger, D. *Degree Words*[M]. The Hague: Mouton, 1972.

Breitenstein, R. *England heute*. Wien/Düsseldorf: Econ, 1970.

Brophy, J. Teacher behavior and its effects[J]. *Journal of Educational Psychology*, 1979, 71(6): 733-750.

Brophy, J. Teacher praise: a functional analysis[J]. *Review of Educational Research*, 1981, 51(1): 5-32.

Brown, R. & A. Gilman. The pronouns of power and solidarity[G]. In T. A. Sebeok (ed.), *Style in Language*. Cambridge: MIT Press, 1960: 253-277.

Brown, P. & S. C. Levinson. Universals in language usage: politeness phenomena[G]. In E. Goody (ed.), *Questions and Politeness: Strategies in Social Interaction*. Cambridge: Cambridge University Press, 1978.

Brown, P. & S. C. Levinson. *Politeness: Some Universals in Language Use*[M]. Cambridge: Cambridge University Press, 1987.

Bruyn, S. T. Rhetorical devices in sociological analysis[J]. *Sociological Quarterly*, 1964, 5(2): 101-111.

Caffi, C. On mitigation[J]. *Journal of Pragmatics*, 1999, 31(7): 881-909.

Caffi, C. *Mitigation*[M]. London: Elsevier, 2007.

Cameron, L. *Metaphor in Educational Discourse*[M]. London/New York: Continuum, 2003.

Cantrell, R., Stenner, A. & W. Katzenmeyer. Teacher knowledge, attitudes, and classroom teaching correlates of student achievement[J]. *Journal of*

Educational Psychology, 1977, 69(2): 172-179.

Carroll, S. & M. Swain. Explicit and implicit negative feedback: An Empirical study of the learning of linguistic generalizations[J]. *Studies in Second Language Acquisition*, 1993, 15: 357-386.

Chastain, K. *The Development of Modern Language Skills: Theory to Practice*[M]. Philadelphia: Center for Curriculum Development, Inc, 1971.

Chenoweth, N. A., et al.. Attitudes and preferences of ESL students to error correction[J]. *Studies in Second Language Acquisition*, 1983(6): 79-87.

Christie, F. Negotiating school learning[R]. Unpublished report funded by ARC grant, 1993.

Christie, F. *Classroom Discourse Analysis A Functional Perspective*[M]. London/ New York: Continuum, 2002.

Clark, H. H. & E. V. Clark. *Psychology and Language: An Introduction to Psycholinguistics*[M]. New York: Harcourt Brace Jovanovich, 1977.

Coffin, C. The voices of history: theorizing the interpersonal semantics of historical discourses[J]. *Text*, 2002, 22(4): 503-528.

Colston, H. L. Contrast and assimilation in verbal irony[J]. *Journal of Pragmatics*, 2002, 34(2): 111-142.

Colston, H. L. & J. O'Brien. Contrast of kind vs. contrast of magnitude: the pragmatic accomplishments of irony and hyperbole[J]. *Discourse Processes*, 2000, 30(2): 179-199.

Colston, H. L. & J. O'Brien. Contrast and pragmatics in figurative language: anything understatement can do, irony can do better[J]. *Journal of Pragmatics*, 2000, 32(11): 1557-1583.

Craven, R. G., Marsh, H. W. & R. L. Debus. Effects of internally focused feedback and attributional feedback on enhancement of academic self-concept[J]. *Journal of Educational Psychology*, 1991, 83(1): 17-27.

Crismore, A. & W. J. Van de Kopple. The effects of hedges and gender on the attitudes of readers in the United States toward material in science textbook[G]. In A. Duszak (ed.). *Culture and Style of Academic Discourse*. Berlin/New York: Mouton de Gruyter, 1997: 223-247.

Cutting, A. L. & J. Dunn. The cost of understanding other people: social cognition predicts young children's sensitivity to criticism[J]. *Journal of Child Psychology and Psychiatry*, 2002, 43(7): 849-860.

Dik, S. C. *Functional Grammar*[M]. New York: Academic Press, 1989.

Doughty, G. Cognitive underpinnings of focus on form[J]. *Cognition and Second Language Acquisition*. Cambridge: Cambridge University Press, 2002: 206-257.

Dahl, O. Inflationary effects in language and elsewhere[G]. In J. Bybee & P. Hopper (eds.), *Frequency and the Emergence of Linguistic Structure*. Amsterdam: John Benjamins, 2001: 471-480.

Derewianka, B. Using appraisal theory to track interpersonal development in adolescent academic writing[G]. In Whitttaker, R., O'Donnel, M. & A. McCabe (eds.), *Advances in Language and Education*. New York: Continuum, 2009.

Dews, S. & E. Winner. Muting the meaning: a social function of irony[J]. *Metaphor and Symbolic Activity*, 1995, 10(1): 3-19.

Eco, U. *Kant & the Platypus: Essays on Language and Cognition*[M]. Translated by Alastair McEwen. London: Vintage, 2000.

Edwards, D. & N. Mercer. *Common Knowledge: The Development of Understanding in the Classroom*[M]. London: Routledge, 1987.

Eggert, W. A study of teaching behaviors as they relate to pupil behaviors, achievement and attitudes[D]. Unpublished doctoral dissertation, University of Alberta, 1977.

Eggins, S. *An Introduction of Systemic functional Linguistics*[M]. New York: Continuum, 2004.

Eggins, S. & D. Slade. *Analyzing Casual Conversation*[M]. London: Cassell, 1997.

Ellis, R. *Instructed Second Language Acquisition: A literature Review*[M]. Wellington: Research Division, 2005.

Ellis, R. et al. Implicit and explicit corrective feedback and the acquisition of L2 grammar[J]. *SSLA*, 2006(28): 339-368.

Ellis, R. Corrective feedback in theory, research and practice[C]. Paper presented at the 5th International Conference on ELT in China & the 1st Congress of Chinese Applied Linguistics, Beijing, China, 2007 .

Elwell, W. C. & J. Tiberio. Teacher praise: what students want?[J] *Journal of Instructional Psycholog*, 1994, 21(4): 322-328.

Erickson, F. Going for the zone: the social and cognitive ecology of teacher-student interaction in classroom conversations[G]. In D. Hicks (ed.), *Discourse, learning and schooling*. Cambridge: Cambridge University Press, 1996.

Fairclough, N. *Language and Power*[M]. London: Longman, 1989.

Fairclough, N. Introduction[G]. In N. Fairclough (ed.), *Critical Language Awareness*. London: Longman, 1992.

Fairclough, N. *Critical Discourse Analysis: The Critical Study of Language*[M]. London: Longman, 1995.

Fairclough, N. *Analysing Discourse*[M]. London: Routledge, 2003.

Ferguson, H. Deception and despair: ironic self-identity in modern society[G]. In J. E. Davis (ed.), *Identity and Social Change*. New Brunswick: Transaction Publishers, 2000.

Fowler, R. *Language in the News: Discourse and Ideology in the Press*[M]. London: Routledge, 1991.

Fowler, R. *Linguistic Criticism*[M]. Oxford: Oxford University Press, 1996.

Fowler, R. & G. Kress. Critical linguistics[G]. In R. Fowler, B. Hodge, G. Kress, T. Trew (eds.), *Language and Control*. London: Routledge, 1979.

Fowler, R., B. Hodge, G. Kress & T. Trew. *Language and Control*[M]. London: Longman, 1979.

Gable, R. A. et al. Back to basics: rules, praise, ignoring, and reprimands revisited[J]. *Intervention in Scholl and Clinic*, 2009(4): 195-205.

Gass, S. & L. Selinker, *Second Language Acquisition* (2nd ed.)[M]. NJ: Lawrence Erlbaum Associates, Inc, 2001.

Gibbons, P. Mediating language learning: Teacher interactions with ESL students in a content based classroom[J]. *TESOL Quarterly*, 2003, 37 (Summer 2): 247-273.

Gibbs, R. W. Irony in talk among friends[J]. *Metaphor & Symbol*, 2000, 15(1 & 2): 5-27.

Gibbs, R.W. & J. O'Brien. Psychological aspects of irony understanding[J]. *Journal of Pragmatics*, 1991, 16(6): 523 - 530.

Ginatt, H. G. Teacher and Child (老师怎样和学生说话)[M]. 冯杨，周呈奇译，海口：海南出版社，2003.

Giora, R. On negation and irony[J]. *Discourse Processes*, 1995, 19(2): 239-264.

Givón, T. *Functionalism and Grammar*[M]. Amsterdam/Philadelphia: John Benjamins, 1995.

Goffman, E. *Interaction Ritual: Essays on Face-to-face Behavior*[M]. New York: Garden City, 1967.

Graumann, C. F. Perspective structure and dynamics in dialogues[G]. In I. Markvova & K. Foppa (eds.). *The Dynamics of Dialogue*. Harvester Wheatsheaf, 1990: 105-126.

Green, G. *Pragmatics and Natural Language Understanding*[M]. New Jersey: Lawrence Erlbaum Associates Publishers, 1989.

Green, G. *Pragmatics and Natural Language Understanding*[M]. New Jersey: Lawrence Erlbaum Associates Publishers, 1996.

Gregory, M. "Phrasal Analysis" yesterday, today and tomorrow?[G] In The 28th International Systemic Functional Grammar and Critical Discourse Analysis. Abstract Book. ISFC 28, Ottawa: Carleton University, 2001.

Grice, H. P. Logic and conversation[G]. In P. Cole & J. Morgan (eds.), *Syntax and Semantics* vol.3. New York: Academic Press, 1975: 41-58.

Grice, H. P. Further notes on logic and conversation[G]. In P. Cole (ed.), *Syntax and Semantics* vol. 9. New York: Academic Press, 1978.

Gross, A. M. & M. Ekstrand. Increasing and maintaining rates of teacher praise: A study using public posting and feedback fading[J]. *Behavior Modification*, 1983, 7 (1): 126-135.

Gunha de Freitas, A. "Neutral" ideational choices and interpersonality: special effects in tourism pamphlets[C]. Paper presented at 11th Euro-International Systemic Functional Linguistics Workshop, University Of Glasgow, 2000.

Hakansson, G. Quantitative studies of teacher talk[G]. In G. Kaasper (ed.), *Learning, Teaching and Communication in the Foreign Language Classroom*. Aarhus: Aarhus University Press, 1986: 83-89.

Halliday, M. A. K. *Explorations in the Function of Language*[M]. Elsevier North-Holland, 1973.

Halliday, M. A. K. *Language as Social Semiotic: the Social Interpretation of Language and Meaning*[M]. London: Edward Arnold, 1978.

Halliday, M. A. K. Modes of meaning and modes of expression: types of grammatical structure, and their determination by different semantic function[G]. In D. J. Allerton, E. Carney & D. Holdcroft (eds.), *Function and Context in Linguistic Analysis: Essays Offers to William Haas*. Cambridge: Cambridge University Press, 1979.

Halliday, M. A. K. *An Introduction to Functional Grammar*[M]. London: Edward Arnold, 1985.

Halliday, M. A. K. Spoken and written modes of meaning[G]. In R. Horowitz, A. Durant & C. MacCabe (eds.), *Comprehending Oral and Written Language*. New York: Academic Press, 1987.

Halliday, M. A. K. The notion of "context" in language education[G]. In M. Ghadessy (ed.), *Text and Context in Functional Linguistics*. Amsterdam & Philadelphia: John Benjamins, 1998.

Halliday, M. A. K. *The Language of Science*[M]. London/New York: Continuum, 2004.

Halliday, M. A. K. *Complementarities in Language*[M]. Shanghai: Commercial Press, 2008.

Halliday, M. A. K. & C. M. I. M. Matthiessen. *Construing Experience Through Meaning: A Language-based Approach to Cognition*[M]. London: Cassell, 1999.

Halliday, M. A. K. & C. M. I. M. Matthiessen. *An Introduction to Functional Grammar*[M]. London: Edward Arnold, 2004 .

Halliday, M. A. K., A. M. CIntosh & P. Strevens. *The Linguistic Sciences and Language Teaching*[M]. London: Longman, 1964.

Halliday, M. A. K. & R. Hasan. *Language, Context and Text: Aspects of Language in A Socio-semiotic Perspective*[M]. Geelong, Victoria, Australia: Deakin University, 1985.

Hart, R. P. *Modern Rhetorical Criticism*[M]. New York: Scott, Foresman/ Little, Brown Higher Education (Glenview, Ill.), 1990.

Haverkate, H. A. Speech act analysis of irony[J]. *Journal of Pragmatics*,1990, 14 (1).

Hasan, R. *Linguistics, Language and Verbal Art*[M]. Victoria: Deakin University Press, 1985.

He, A. W. Language use in peer review text[J]. *Language in Society*, 1993 (22): 403-420.

Hicks, D. Contextual inquiries: a discourse-oriented study of classroom learning[G]. In D. Hicks (ed.), *Discourse, learning and schooling*. Cambridge: Cambridge University Press, 1996: 104-144.

Hoey, M. Persuasive rhetoric in linguistics: a stylistic study of some features of the language of Noam Chomsky[G]. In S. Hunston & G. Thompson (eds), *Evaluation in Text: Authorial Stance and the Construction of Discourse*. Oxford: Oxford University Press, 2000: 28-37.

Hood, S. Appraising Research: Taking a Stance in Academic Writing[D]. Unpublished doctoral dissertation. Sydney: Faculty of Education, University of Technology, 2004.

Hübler, A. *Understatements and Hedges in English*[M]. Amsterdam: John Benjamins, 1983.

Hunston, S. Evaluation and organization in a sample of written academic discourse[G]. In M. Coulthard (ed.), *Advances in Written Text Analysis*. London/New York: Routledge, 1994: 191-218.

Hunston, S. *Corpus Approaches to Evaluation: Phraseology and Evaluative Language*[M]. New York/London: Routledge, 2011.

Hunston, S. & G. Francis. *Pattern Grammar: A Corpus Driven Approach to the Lexical Grammar of English*[M]. Amsterdam/Philadelphia: John Benjamins, 2000.

Hunston, S. & G. Thompson (eds.). *Evaluation in Text: Authorial Stance and the Construction of Discourse*[M]. Oxford: Oxford University Press, 2000.

Hyland, K. *Hedging in Scientific Research Articles*[M]. Amsterdam: John Benjamins, 1998.

Hyland, F. & Hyland. K. Sugaring the pill: Praise and criticism in written feedback[J]. *Journal of Second Language Writing*, 2001(10): 185-212.

Ivanic, R. *Writing and Identity: The Discoursal Construction of Identity in Academic Writing*[M]. Amsterdam: John Benjamin, 1998.

James, C. *Errors in Language Learning and User-Exploring Error Analysis*[M]. London: Longman, 1998.

Johnson, D. M. Compliments and politeness in peer-review texts[J]. *Applied Linguistics*, 1992 (13): 51-71.

Kasper, G. & K. R. Rose. *Pragmatic Development in a Second Language*[M]. Oxford: Blackwell Publishing Ltd., 2002.

Kettemann, B. & G. Marko (eds.). *Teaching and Learning by Doing Corpus Analysis*[M]. Amsterdam: Rodopi, 2002.

Kreck, M. *Communicative Acts and Shared Knowledge in Natural Discourse*[M]. New York: Academic Press, 1981.

Kress, G & R. Hodge. *Language as Ideology*[M]. London: Routledge and Kegan Paul, 1979.

Kreuz, R. The use of verbal irony: cues and constraints[G]. In J. S. Mio & A. Katz (eds.), *Metaphor: Implication and Applications*. NJ: Erlbaum, 1991: 23-28.

Kristeva, J. *The Kristeva Reader*[M]. Oxford: Basil Blackwell, 1986.

Lakoff, R. T. *Talking Power: The Politics of Language*[M]. New York: Basic Books, 1990.

Lasersohn, P. Pragmatic halos[J]. *Language*, 1999, 75(3): 522-551.

Lassen, I., I. Strunck & T. Vestergaard (eds.). *Mediating Ideology in Text and Image — Ten critical studies*[M]. Amsterdam/Philadelphia: John Benjamins Publishing Company, 2006.

Leech, G. *Principles of Pragmatics*[M]. London: Longman, 1983.

Leggitt, J. S. & R. W. Gibbs, Jr. Emotional reactions to verbal irony[J]. *Discourse Processes*, 2000, 29(1): 1-24.

Lemke, J. L. Interpersonal meaning in discourse: value orientations[G]. In D. Martin & L. Ravelli (eds.), *Advances in Systemic Linguistics*. London & New York: Pinter, 1992.

Li, Guonan. *Figures and Vocabulary*[M]. Shanghai: Shanghai Foreign Language Education Press, 2001.

Littrnan, D. C. & J. L. Mey. The nature of irony: toward a computational model of irony[J]. *Journal of Pragmatics*, 1991, 15(2): 131-151.

Lyster, R. Negotiation of form, recasts, and explicit correction in relation to error types and learner repair in immersion classrooms[J]. *Language Learning*, 1998, 48(2): 183-218.

Lyster, R., & L. Ranta. Corrective feedback and learner uptake[J]. *Studies in Second Language Acquisition*, 1997, 19(1): 37-66.

Lyster, R. & H. Mori. Interactional feedback and instructional counterbalance[J]. *SSLA*, 2006, (28): 321-341.

Mackey, A. & J. Philip. Conversational interaction and second language development: Recasts, responses and red herrings[J]. *The Modern Language Journal*, 1998(82): 338-356.

Martin, J. R. *English Text, System and Structure*[M]. Philadelphia/Amsterdam: John Benjamins, 1992.

Martin, J. R. Beyond exchange: appraisal systems in English[G]. In S. Hunston & G. Thompson (eds.). *Evaluation in Text: Authorial Stance and the Construction of Discourse*. Oxford: Oxford University Press, 2000: 142-175.

Martin, J. R. & D. Rose. *Working with Discourse: Meaning Beyond the Clause*[M]. London and New York: Continuum, 2003.

Martin, J. R. & D. Rose. *Genre Relations: Mapping Culture*[M]. London: Equinox, 2008.

Martin, J. R. & P. R. R. White. *The Language of Evaluation: Appraisal in English*[M]. New York: Palgrave MacMillan, 2005.

Martin, J. R. & P. R. R. White. *The Language of Evaluation: Appraisal in*

English[M]. Beijing: Foreign Language Teaching and Research Press. 2008.

Mauranen, A. "They're a little bit different..." Observations on hedges in academic talk[G]. In K. Aijmer & A-M. Stenstrom (eds.), *Discourse Patterns in Spoken and Written Corpora*. Amsterdam: John Benjamins, 2004.

Maybin, J. & J. Swann. Everyday creativity in language: textuality, contextuality, and critique[M]. *Applied Linguistics*, 2007, 28(4): 497-517.

McCarthy, M. *Discourse Analysis for Language Teachers*[M]. Shanghai: Shanghai Foreign Language Education Press, 2002.

McDonald, S. Neuropsychological studies of sarcasm[J]. *Metaphor & Symbol*, 2000, 15(1 & 2): 85-98.

McDonough, K. Identifying the impact of negative feedback and learners' responses on ESL question development[J]. *Studies on Second Language Acquisition*, 2005(27): 92-103.

Mercer, N. Talk for teaching and learning[G]. In K. Norman (ed.), *Thinking Voices: The Work of the National Oracy Project*. Sevenoaks, Kent: Hodder & Stoughton, 1992.

Mey, J. *Pragmatics: An Introduction*[M]. London: Blackwell Publishers, 1993.

Mey, J. *Concise Encyclopedia of Pragmatics*. London: Elsevier, 1998.

Mey, J. *When Voices Clash: A Study in literary pragmatics*[M]. Berlin: Moutlon de Gruyter, 1999.

Mitchley, N. et al. Comprehension of irony in schizophrenia[J]. *Cognitive Neuropsychiatry*, 1998, 3(2): 127-138.

Morgan, W. *Critical Literacy in the Classroom*[M]. London: Routledge, 1996.

Morris, C. W. *Foundation of the Theory of Signs*[M]. Chicago: Chicago University Press, 1938.

Myers, G. The pragmatics of politeness in scientific articles[J]. *Applied Linguistics*, 1989, 10(1): 1-35.

Nabei, T. & M. Swain. Leraner awareness of recasts in classroom interaction: A case study of an adult EFL student's second language learning[J]. *Language Awareness*, 2002(11): 44-46.

Nietzsche, F. *Writings from the Late Notebooks*[M]. R. Bittner (ed.), trans. by K. Sturge. Cambridge: Cambridge University Press, 2003.

Nobuyoshi, J. & R. Ellis. Focused communication tasks and second language acquisition[J]. *ELT Journal*, 1993, 47(3): 203-210.

Nunan, D. *Language Teaching Methodology: A Textbook for Teachers*[M]. Englewood Cliffs, NJ: Prentice Hall Inc, 1991.

Painter, C. Developing attitude: an ontogenetic perspective on appraisal[J]. *Text*, 2003, 23(2): 183-210.

Partinngton, A. *Patterns and Meanings: Using Corpora for English Language Research and Teaching*[M]. Amsterdam: John Benjamins, 1998.

Pēcheux, M. *Language, Semantics and Ideology*[M]. Basingstoke: Macmillan, 1982.

Perkins, M. *Pragmatic Impairment*[M]. New York: Cambridge University Press, 2007.

Potter, J. & M. Wetherell. *Discourse and Social Psychology Beyond Attitudes and Behavior*[M]. 肖文明等译. 话语和社会心理学——超越态度与行为. 北京：中国人民大学出版社, 2006.

Poynton, C. *Language and Gender: Making the Difference*[M]. Oxford: Oxford University Press,1989.

QCA. Education for Citizenship and the Teaching of Democracy in Schools (Crick Report)[R]. London: QCA, 1998.

Rerrott, C. Classroom talk and pupil learning: guidelines for educators[G]. In *Action Research Tools, Part 3: Analysis of classroom discourse readings*. Certificate of Teaching and Learning, NSW Department of School Education. Sydney: Harcourt Brace Jovanovich, 1998.

Rice, P. & P. Waugh (eds.). *Modern Literary Theory*[M]. Oxford: Oxford University Press, 2001.

Rothery, J. & R. Stenglin. Interpreting literature: the role of Appraisal[G]. In L. Unsworth (ed.), *Researching Language in Schools and Communities*. London: Cassell, 2000: 112-136.

Ruzaitė, J. Vague references to quantities as a face-saving strategy in teacher-student interaction[J]. *Lodz Papers in Pragmatics*, 2007 (3): 157-178.

Santos, M. B. D. The textual organization of research paper abstracts in applied linguistics[J]. *Text*, 1996(4): 481-499.

Schmid, H. Cognitive effects of shell nouns[G]. In K. van Hock, A. A. Kibrik & L. Noordman (eds.), *Discourse Studies in Cognitive Linguistics*. Amsterdam & Philadelphia: John Benjamins, 1999.

Schmid, H. *English Abstract Nouns as Conceptual Shells, from Corpus to Cognition*[M]. Berlin: Mouton de Gruyter, 2000.

Schmidt, R. W. The role of consciousness in second language learning[J]. *Applied Linguistics*, 1990, 11 (2): 129-158.

Scollon, R. & S. W. Scollon. *Intercultural Communication: A Discourse Approach. Looking Up: An Account of the COBUILD Project in Lexical Computing*[M]. London: Collins, 1987.

Seedhouse. Classroom interaction: possibilities and impossibilities[J]. *English Language Teaching Journal*, 1996, 50(1): 16-24.

Sharpe, T. "Unpacking" scaffolding: identifying discourse and multimodal strategies that support learning[J]. *Language and Education*, 2006, 20 (3): 211-231.

Sharpe, T. How can teacher talk support learning? [J] *Linguistics and Education*, 2008(19): 132-148.

Shor, I. *Empowering Education: Critical Teaching for Social Change*[M]. Chicago: University of Chicago Press, 1992.

Siewierska, A. *Functional Grammar*[M]. London & New York: Routledge, 1991.

Simpson, P. *Language, Ideology and Point of View*[M]. London: Routledge, 1993.

Sinclair, J. M. *Corpus, Concordance, Collocation*[M]. Oxford: Oxford University Press, 1991.

Sinclair J. M. H. & R. M. Coulthard. *Toward an Analysis of Discourse: The English used by Teachers and pupils*[M]. Oxford: Oxford University Press, 1975.

Slimani, A. Evaluation of classroom interaction[G]. In Slimani, A. (ed.), *Evaluating Second Language Education*. Cambridge: Cambridge University

Press, 1992:197-221.

Sperber, D. & D. Wilson. *Relevance: Communication and Cognition*[M]. Oxford: Basil Blackwell Publisher Ltd., 1986.

Sperber, D. & D. Wilson. Irony and the use-mention distinction[G]. In S. Davis (ed.), *Pragmatics: A Reader*. Oxford: Oxford University Press, 1991.

Sperber, D. & D. Wilson. *Relevance, Communication and Cognition* (2nd edition) [M]. Oxford: Blackwell Publishers Ltd., 1995.

Stubbs, M. Corpus evidence for norms of lexical collocation[G]. In G. Cook & B. Seidlhofer (eds.), *Principle and Practice in Applied Linguistics. Studies in Honor of H. G. Widdowson*. Oxford: Oxford University Press, 1995.

Stubbs, M. Collocations and semantic profiles: on the cause of the trouble with quantitative studies[J]. *Functions of Language*, 1995, 2(1): 23-55.

Stubbs, M. *Words and Phrases: Corpus Studies in Lexical Semantics*. Oxford: Blackwell, 2001.

Swales, J. *Genre Analysis: English in Academic Research Settings*[M]. Glasgow: Cambridge University Press, 1990.

Thomas, J. Cross-cultural pragmatic failure[J]. *Applied Linguistics*, 1983, 4(2): 91-112.

Thomas, J. You're the greatest! A few well-chosen words can work wonders in positive behavior reinforcement[J]. *Principal*, 1991(71): 32-33.

Thomas, J. *Meaning in Interaction: An Introduction to Pragmatics*[M]. London: Longman, 1995.

Thompson, G. *Introducing Functional Grammar*[M]. London: Arnold, 1996.

Thompson, G. *Introducing Functional Grammar* (2nd edition)[M]. Beijing: Foreign Language Teaching and Research Press/Hodder Arnold, 2008.

Thompson, G. & S. Hunston. *Evaluation in Text: Authorial Stance and the Construction of Discourse*[M]. Oxford: Oxford University Press, 2000.

Thompson, G. & S. Hunston. Evaluation: An introduction[G]. In S. Hunston & G. Thompson (eds.), *Evaluation in Text: Authorial Stance and the Construction of Discourse*. Oxford: Oxford University Press, 2000: 1-2.

Thorp, H. S., Bruden, R. L. & B. J. Fraser. Assessing and improving classroom environment[J]. *School Science Review*, 1994(75): 107-113.

Toplak, M. & A. N. Katz. On the uses of sarcastic irony[J]. *Journal of Pragmatics*, 2000, 32(10): 1467-1488.

Torres, C. A. (ed.). *Education, Power, and Personal Biography: Dialogues with Critical Educators*[M]. New York: Routledge, 1998.

Tracy, K. & N. Coupland. *Multiple Goals in Discourse*[M]. Avon, England: Multilingual Matters Ltd., 1990.

Tsui, A. B. M. *Introducing Classroom Interaction*[M]. Penguin English, 1995.

Ungerer, F. & H. J. Schmid. *An Introduction to Cognitive Linguistics*[M]. Addison Wesley: Longman, 1996.

van Dijk, T. A. Discourse and manipulation[J]. *Discourse & Society*, 2006, 17(3): 359-383.

Verschueren, J. et. al. *Handbook of Pragmatics, Manual*[M]. Amsterdam: John Benjamins, 1995.

Verschueren, J. *Understanding Pragmatics*[M]. Beijing: Foreign Language Teaching and Research Press, 1999.

Walsh, S. *Investigating Classroom Discourse*[M]. New York: Routledge, 2006.

Weisinger, H. *The Power of Positive Criticism*[M]. New York: AMACOM, 2000.

White, P. R. R. Dialogue and intersubjectivity: reinterpreting the semantics of modality and hedging[G]. In M. Coulthard, J. Cotterill & F. Rock (eds.), *Working with Dialogue*. Tubingen: Neimeyer, 1997.

White, P. R. R. Standing with, against and over - solidarity and power in mass-media discourse[J]. *Seminar handout*. Hongkong: Hong Kong Polytechnic University, 2001.

White, P. R. R. Beyond modality and hedging: a dialogic view of the language of intersubjective stance[J]. *Text*, 2003, 23(2): 259-84.

White, P. R. R. Appraisal: the language of attitudinal variation and intersubjective stance, Appraisal website[EB/OL]. URL: www.grammatics.com/appraisal.

Whitttaker, R., O'Donnel, M. & A. McCabe (eds.). *Advances in Language and Education*[M] . New York: Continuum 2009.

Whorf, B. L. The relation of habitual thought and behavior to language[G]. In J. B. Carroll (ed.), *Language, Thought and Reality: Selected writings of Benjamin Lee Whoof*. Cambridge, MA: MIT Press, 1956.

Wilson, D. New directions for research on pragmatics and modularity[J]. *Lingua*, 2005, 115(8): 1129-1146.

Xu Xiaohui. Analysis of teacher talk on the basis of relevance theory[J]. *Canadian Social Science*, 2010(3): 45-50.

Yukl, G. An evaluation of the conceptual weaknesses in transformational and charismatic leadership theories[J] *Leadership Quarterly*, 1999(10): 285-305.

Young, L. & C. Harrison (eds.). *Systemic Functional Linguistics and Critical Discourse Analysis: Studies in Social Change*[M]. London/New York: Continuum, 2004.

Yuan, Yi. Face-saving devices in peer reviews & their implications[J]. *Centre for Development of Teaching and Learning*, 2000, 4(2): 527.

毕丽华. 评价分析学生英语口语样本及其对教学的启示[J]. 教育科学，2008（1）：70.

布鲁克斯. 反讽——一种结构原则[M]. 赵毅衡，译. 北京：中国社会科学出版社，1988.

常晨光. 英语中的人际语法隐喻[J]. 外语与外语教学，2001（7）：6–8.

常晨光. 评价意义的韵律性特征[J]. 北京科技大学学报（社会科学版），2008（3）：101–107.

常晨光. 评价意义的韵律性特征[C]//系统功能语言学的研究与应用. 广州：暨南大学出版社，2009：11–21.

常晨光，廖海青. 系统功能语言学与实践的辩证关系[J]. 外语与外语教学，2010（5）：11–14.

陈功. 语料库检索的模式、问题及启示[J]. 当代外语研究，2011（10）：10–14.

陈丽江. 英语课堂的评价语言与性别差异[J]. 湘潭师范学院学报（社会科学版），2006（6）：107–110.

陈望道. 修辞学发凡[M]. 上海：上海教育出版社，1976.

陈新仁. 批评语用学：目标、对象与方法[J]. 外语与外语教学，2009（12）：10–12.

陈瑜敏，黄国文. 马丁的语篇分析观[J]. 当代外语研究，2010（10）：19–24.

程雨民. 人本语义学“十论”[M]. 上海：上海外语教育出版社，2010.

董敏. 从实践型社会符号观述评语类研究模式[J]. 外语教学，2010（1）：17–20.

丁金国. 语体风格分析纲要[M]. 广州：暨南大学出版社，2009.

段成刚. 语类结构潜势、语义特征与语法体现——汉语同学间互评体裁研究[J]. 西安外国语大学学报，2008（3）：37–41.

冯光武. 弗雷格哲学思辨中的语用学元素[J]. 西安外国语大学学报，2008（3）：9–13.

龚敏律. 西方反讽诗学在现代中国的译介与影响[J]. 文学评论，2007（3）：46–52.

谷方. 主体性哲学与文化问题[M]. 北京：中国和平出版社，1994.

郭爱萍. 语域与语域变异[C]//世纪之交论功能——第六届全国功能语言学研讨会论文集. 上海：上海外语教育出版社，2002：204–208.

何兆熊. 九十年代看语用[J]. 外国语，1997（4）.

何兆熊. 新编语用学概要[M]. 上海：上海外语教育出版社，2000.

何自然，陈新仁. 当代语用学[M]. 北京：外语教学与研究出版社，2004.

何自然，冉永平. 语用学概论[M]. 长沙：湖南教育出版社，2002.

胡丹. 低调陈述——一种曲言、委婉、低调的评价[G]. 高校外语教学与研究，a2007（2）：183–186.

胡丹. 多模式话语的社会符号学分析[J]. 华东交通大学学报，b2007（3）：126–130.

胡丹. 多模式话语分析Emmett Williams 的诗“She love me not”[J]. 外语与外语教学，c2007（11）：16–19.

胡丹. 语块与英语学习成效[J]. 华东交通大学学报，2006（6）：121–126.

胡丹，刘丽权. 课堂教学评价语“四性”原则探索——基于英语写作课教学实践[J]. 湖北第二师范学院学报，a2009（6）：101–103.

胡丹，刘丽权. 双语课堂教学语言的问题与对策[J]. 教育学术月刊，b2009（6）：104–106.

胡丹. 双语教学方式与评价方式对学生主体性发挥的思考[J]. 华东交通大学学报，c2009（6）：139–144.

胡丹. 海明威小说“一个干净、明亮的地方”语言游戏探微[J]. 华东交通大学学报，d2009（4）：115–120.

胡丹. 课堂教学语言选择与言后取效研究[J]. 教育学术月刊，a2010（8）：102–105.

胡丹，刘丽权. 课堂教学语言调控和取效研究[J]. 湖北第二师范学院学报，b2010（9）.

胡丹. 低调陈述修辞格的批评语用研究[J]. 江西社会科学，2011（5）：210–214.

胡壮麟. 对中国英语教育的若干思考[J]. 外语研究，2002（3）：2–9.

胡壮麟，朱永生，张德禄，等. 系统功能语言学概论[M]. 北京：北京大学出版社，2005.

胡越竹. 课堂纠错：教师行为与学生需求的对比研究[J]. 外语教学理论与实践，2009（1）：48–56.

黄国文. 作为普通语言学的系统功能语言学[C]//系统功能语言学的研究与应用. 广州：暨南大学出版社，2009：2–10.

黄国文. 语篇分析与系统功能语言学理论的建构[J]. 外语与外语教学，2010（5）：1–4.

黄国文，系统功能语言学发展状况[C]. 即将出版.

纪康丽. 学生如何看待教师评语[J]. 外语与翻译，2008（2）：69–74.

姜望琪. 当代语用学[M]. 北京：北京大学出版社，2003.

金娜娜. 时态的评价功能研究[J]. 外语与外语教学，2009（8）：23–26.

鞠红. 低调陈述与会话含义[J]. 山东外语教学，2002（6）：62–65.

鞠红. 低调陈述推理机制的认知性透视[J]. 外语教学，2004（2）：26–31.

鞠红. 论低调陈述的特征和社会心理基础[J]. 安徽大学学报（哲学社会科学版），2005（1）：113–116.

康艳，程晓堂. 外语教师课堂话语功能新框架[J]. 外语教学理论与实践，2011（3）：7–14.

李国庆. 系统功能语言学的研究与应用[C]. 广州：暨南大学出版社，2009.

李鸿蕊. 基于语料库的莎士比亚戏剧汉译本中语气词“吧”的应用研究[J]. 当代外语研究，2011（1）：24–27.

李经伟. 英汉书评中的礼貌策略比较[J]. 解放军外语学院学报，1996（3）：1–8.
李军. 话语修辞理论与实践[M]. 上海：上海外语教育出版社，2008.
李俊芬. 大学英语教学中有效教师反馈策略模式初探[J]. 外语教学理论与实践，2008（1）：49–53.
李力. 及物性理论应用在辨识个人语型上的可行性[J]. 天津外国语学院学报，2004（3）：33–36.
李瑞华. 语用的最高原则——得体[J]. 外国语，1994（3）：25–27.
李三福. 论西方近代教学语用学思想[J]. 湖南科技大学学报，2005（6）115–119.
李鑫华. 英语修辞格详论[M]. 上海：上海外语教育出版社，2000.
李战子. 话语的人际意义研究[M]. 上海：上海外语教育出版社，2002.
李战子. 评价理论：在话语分析中的应用和问题[J]. 外语研究，2004（5）：1–6，80.
梁茂成，李文中，许家金. 语料库应用教程[M]. 北京：外语教学与研究出版社，2010.
梁蕾. 汉语评价言语行为及其策略研究[D]. 暨南大学硕士学位论文，2007.
廖益清，丁建新. 体裁结构潜势、语义特征与语法体现——格林童话的首尾研究[J]. 外国语，2007（4）：28–36.
林良章. 课堂教学中“评价语”发展性功效探微[J]. 福建师范大学福清分校学报，2003年增刊：114–119.
林大津，谢朝群. 论言语交际的得体原则：争议与意义[J]. 外语教学与研究，2005（6）：419–424.
刘安洪. 英语委婉语与暗指、低调陈述及其修辞效果之比较[J]. 渝西学院学报（社会科学版），2002（3）：50–54.
刘承宇. 英语报刊语篇评价系统与批评性阅读[J]. 山东师大外国语学院学报，2002（4）：25–29.
刘飞兵. 反讽的语用阐释[J]. 求索，2007（3）：202–203.
刘军平. 从跨学科角度看译者主体性的四个维度及其特点[J]. 外语与外语教学，2008（8）：52–55.
刘丽静. 教师批评语违反礼貌原则语用失误分析[J]. 广西教育学院学报，2006（5）：43–45.

刘世铸. 评价理论在中国的发展[J]. 外语与外语教学，2010（5）：33–37.
楼敏盛，陈舜孟. 谈大学英语教学中的积极性评价[J]. 湖州职业技术学院学报，2003（2）：45–47.
吕长竑，黎斌，胡霞. 中西学者生命和材料科学英文学术语篇间接表达方式的对比研究[J]. 外语与外语教学，2010（5）：38–42.
陆俭明. 现代汉语语法研究教程（第二版）[M]. 北京：北京大学出版社，2005.
马玉蕾. 马丁基于语类理论的写作教学框架[J]. 当代外语研究，2010（10）：50–54.
孟建钢. 试析自然会话中的反讽回应[J]. 外语学刊，2005（5）：12–17.
米克. 论反讽[M]. 周发祥，译. 北京：昆仑出版社，1992.
莫爱屏. 译者主体性与语篇中视角的互动研究[J]. 外语教学，2008（5）86–90.
牟金江. 语言错误分类及其纠错策略[J]. 西安外国语学院学报，2004（2）：1–3.
牛保义. 整体思维与分析思维——谈中美两国人的思维模式差异[J]. 四川外国语学院学报，1997（2）：54–59.
庞建荣. 模糊语言及其语境依赖性[J]. 外语与外语教学，2008（7）：16–18.
戚健. 浅析英语书评中的评价[J]. 东莞理工学院学报，2005（2）：68–72.
钱冠连. 汉语文化语用学——人文网络言语学（第二版）[M]. 北京：清华大学出版社，2000.
钱冠连. 语言学自选集——理论与方法[M]. 北京：外语教学与研究出版社，2008.
曲政，俞东明. 功能语体·跨文化交际·外语教学[J]. 杭州教育学院学报，2002（1）：112–115.
冉永平. 冲突性话语的语用学研究概述[J]. 外语教学，2010（1）：1–6.
冉永平. 语用学：现象与分析[M]. 北京：北京大学出版社，2006.
任绍曾. 语篇中语言型式化的意义——探索语篇主题的一种途径[C]//世纪之交论功能——第六届全国功能语言学研讨会论文集. 上海：上海外语教育出版社，2002：215–229.
任绍曾. 关注中心和基本主题[J]. 外语教学，2009（4）：6–10.
邵斌. 网络语料库检索：英语研究的方便之门——《运用网络语料库探索英语》述评 [J]. 当代外语研究，2011（11）：57–59.

施光，刘学惠. EFL教学中的纠错——教师与学生的看法与纠错效果的关系[J]. 外语教学理论与实践，2008（2）：29–32.
司显柱，吴玉霞. 人际意义跨文化建构：比较与翻译[J]. 西安外国语大学学报，2009（4）：68–70，74.
孙汝建. 修辞的社会心理分析[M]. 上海：上海外语教育出版社，2006.
孙燕青. 第二语言学习中的反馈[J]. 心理科学进展，2005（2）：156–165.
孙燕青. 第二语言学习中的重要反馈方式[J]. 心理发展与教育，2005（2）：116–121.
汤燕瑜，刘绍忠. 教师语言的语用分析[J]. 外语与外语教学，2003（1）：19–23.
唐青叶. 语篇语言学[M]. 上海：上海大学出版社，2009.
唐燕玲. 论创新型人才培养与综合英语教学改革[J]. 外语与外语教学，2008（8）：30–33.
涂靖. 反讽的语用特征和限制条件[J]. 外语学刊，2002（1）：77–82.
涂靖. 反讽的认知研究[J]. 外语学刊，2004（2）：7–9，73.
涂靖. 论反语的本质属性[J]. 外语教学，2004（6）：28–31.
万小遥. 低调做人密码[M]. 北京：北京工业大学出版社，2012.
王寅. 认知语言学的“体验性概念化”对翻译主客观性的解释力——一项基于古诗《枫桥夜泊》40篇英译文的研究[J]. 外语教学与研究，2008（3）：211–217.
王振华. 评价系统及其运作[J]. 外国语，2001（6）：13–20.
王振华. ENGAGEMENT in Interaction: An APPRAISAL approach [D]. 河南大学博士学位论文，2003.
温家宝. 强国必强教强国先强教[N]. 光明日报，2010-09-01（2）.
文军. 英语写作修辞[M]. 重庆：重庆大学出版社，1991.
伍铁平. 模糊语言学[M]. 上海：上海外语教育出版社，1999.
向明友. 论言语的社会交际功能[C]//世纪之交论功能——第六届全国功能语言学研讨会论文集. 上海：上海外语教育出版社，2002：127–141.
熊沐清. 论语篇视点[J]. 外语教学与研究，2001（1）：21–28.
熊学亮. 认知语用学概要[M]. 上海：上海外语教育出版社，2000.
徐盛桓. 少壮功夫老未成[J]. 当代外语研究，2011（4）：1–8.
辛斌. 批评性语篇分析方法论[J]. 外国语，2002（6）：34–41.

辛志英. 韵律结构的隐喻模式建构[J]. 西安外国语大学学报，2008（4）：37–40.

杨德祥，赵永平. 内容依托式教学对英语专业学生思辨能力的影响[J]. 外语教学，2011（5）：61–64.

杨信彰. 语篇中的评价性手段[J]. 外语与外语教学，2003（1）11–14.

杨信彰. 英语学术语篇中的评论附加语[J]. 外语与外语教学，2006（10）：11–13.

杨信彰. 系统功能语言学与教育语篇分析[J]. 四川外语学院学报，2007（6）：17–20.

杨信彰. 马丁对语域理论的发展和应用[J]. 当代外语研究，2010（10）：39–42.

易中天. 中国智慧[M]. 上海：上海文艺出版社. 2011.

俞东明. 语法歧义和语用模糊对比研究[J]. 外国语，1997（6）：29–35.

俞东明.《言语交际中的语义：语用学导论》评介[J]. 当代语言学，1998（4）：42–45.

俞东明，左进. 语用模糊、会话策略与戏剧人物刻画[J]. 外语教学与研究，2004（5）：379–384.

曾文雄. 语用学的多维研究[M]. 杭州：浙江大学出版社，2009.

张德禄. 系统语法与语用学[C]//语言・语篇・语境. 北京：清华大学出版社，1993.

张德禄. 论话语基调的范围及体现[J]. 外语教学与研究，1998（1）：8–14，80.

张德禄. 语类研究的范围及其对外语教学的启示[J]. 外语电化教学，2002（8）：59–64.

张德禄. 适用性社会符号学的理论与实践研究[J]. 外语与外语教学，2010（5）：5–10.

张德禄. 马丁的语类研究[J]. 当代外语研究，2010（10）29–33.

张德禄，刘世铸. 形式与意义的范畴化——兼评《评价语言—英语的评价系统》[J]. 外语教学与研究，2006（6）：423–427.

张德禄，苗兴伟，李学宁. 功能语言学与外语教学[M]. 北京：外语教学与研究出版社，2005.

张福萍. 瑞特·巴特勒：反讽艺术的经典[J]. 太原大学学报，2007（1）：43–45.

张继云，张芸. 卡夫卡小说《变形记》的反讽结构芸[J]. 辽宁大学学报（哲学社会科学版），2007（1）：54–57.

张克定. 句式变化的认知语用理据[C]//世纪之交论功能——第六届全国功能语言学研讨会论文集. 上海：上海外语教育出版社，2002：180–188.

张利. 浅析课堂语言教学中教师的纠正性反馈[J]. 吉林省教育学院学报，2008（3）：24–25.

张美芳. 语言的评价意义与译者的价值取向[J]. 外语与外语教学，2002（7）：15–18，27.

张倩，王健. 大学英语互动课堂教师纠错性反馈的研究[J]. 西安外国语大学学报，2011（1）：106–110.

张雪梅，戴炜栋. 反馈·二语习得·语言教学[J]. 外语界，2001（2）：2–8.

赵团员.《语言文字学学术批评和批评文集》评介[J]. 当代外语研究，2011（9）：58–59.

赵晓红. 大学英语阅读课教师话语的调查与分析[J]. 外语界，1998（2）：17–22.

赵毅衡. 新批评——一种独特的形式主义文论[M]. 北京：中国社会科学出版社，1986.

周星，周韵. 大学英语课堂教师话语的调查与分析[J]. 外语教学与研究，2002（1）：61–62.

朱长河. 有标记的选择与意图义：标记模式的语言学理论探源[J]. 外语学刊，2005（5）：59–62.

朱嫣然. 及物性分析与批评性阅读[J]. 浙江师大学报（社会科学版），2001（3）：101–104.

朱晔，王敏. 二语写作中的反馈研究：形式、明晰度及具体效果[J]. 现代外语，2005（2）170–180.

朱跃. 论交际者在非语言语境中的核心地位[J]. 天津外国语学院学报，2005（3）：39–43.

朱永生. 框架理论对语境动态研究的启示[J]. 外语与外语教学，2005（2）：1–4.

朱永生. 多模态话语分析的理论基础与研究方法[J]. 外语学刊，2007（5）：82–86.

朱永生. 概念意义中的隐性评价[J]. 外语教学，2009（4）：1–5.

朱永生. 语篇中的意识形态与语言学家的社会责任——论马丁的相关理论及其应用[J]. 当代外语研究，2010（10）：25–28.

朱永生，严世清. 系统功能语言学多维思考[M]. 上海：上海外语教育出版社，2001.

附录

课堂教学评价语问卷调查表

国籍：________　性别：________　年龄：________　专业：________

性格：开朗—　　内向—　　双向性格—

1. 你认为教师的课堂教学评价语是否得体对学生影响________。
   A 很大　B 大　C 一般　D 小　E 无

2. 教师对学生以下方面的问题在课堂进行批评时，你认为采取哪种方式更为合适？各选一项。

	直接	间接	不评说	其他
思想观念问题				
人生态度问题				
情感问题				
人品、性格问题				
人际关系问题				
学习方法、策略问题				
学习态度问题				
学习、思辨、创新等水平				
学习、思辨、创新等能力				
表述方式问题				
行为举止问题				
客观问题回答错时				
主观问题回答失当时				
课堂表现问题				
其他				

3. 针对以下3个开放性问题，请你给予尽可能详细的回答!

A. 请你陈述亲身经历或者听闻到的最为印象深刻、影响极大的教师批评话语（可以是不得体的，也可以是得体的批评话语，并请注明事由、场合、时间）。

B. 请解释该批评话语给你留下深刻印象的原因，以及产生的影响或造成的后果。

C. 如果你前面选择了最为印象深刻、影响极大的批评话语是不得体的批评话语，请你给予修正使其变为得体，令人愿意接受。也就是说假如你是这位老师，你会怎么说，从而达到更好效果?

后序

《学生视角的中国教师批评话语研究》一书终于完稿了！付梓在即，心情尤为激动。掩卷沉思，往事记忆犹新。一切如梦，却又如此真实。点点滴滴，细细道来，想必对那些普通家庭出身、没有背景、智力一般的奋斗者颇有借鉴和启迪。毫不讳言，我没有超凡业绩，没有卓越建树，但我却拥有了相当多的荣誉（全国人大代表、全国优秀教师、全国师德先进个人、国务院特殊津贴、江西省首届教学名师等）。这些不曾是我奢望的，更不是我金钱开道、谄媚攀附、拼爹、凭关系搞来，而是我矢志不渝追求理想、敬业爱岗、淡泊名利、甘为人梯、不断精进、尽力奉献的意外收获。可以说只要有梦想，锲而不舍、持之以恒、脚踏实地，一定能梦想成真！收获甚至远远超出我们的预期。

回首我这么多年走过的路，从一个无望的留城人员到中小学代课老师，直至大学教授、博士、硕导，我感悟最的深有三点。用一个我最喜欢的英语单词Spring（春天、弹簧、泉水）可以涵盖其精髓。我喜欢spring是因为它看似简单，却不简单，内涵丰富，寓意深刻，意义隽永。春天阳光明媚，万木复苏，生机盎然，春天象征希望，代表着活力，体现温暖，彰显热情；弹簧能屈能伸，有弹性，有张力，有韧劲，百折不饶；泉水天然、清新、甘甜，绵绵流长，取之不尽用之不竭，“点滴之恩，涌泉相报”更是我们做人之本。Spring所蕴涵的这些意义不正是我们面对问题、面对学习、面对生活应体现的一种理念、一种追求和一种精神吗？感悟具体如下：

感悟一：有梦、追梦。若梦一时难成，自强不息，蓄势待发，最终必定功到自然成。机会是青睐有准备的人，有志者事竟成，至理名言千真万确。我就是一个典型的印证者。

1974年高中毕业，我因病没有上山下乡，留在了武汉。按规定，因病留城者不能被招工到国营大企业，只能进街道民办工厂做工。我想即便我进街道工厂，我一定要做文职人员，做我喜欢从事的文字工作。而在那个“读书无用论”盛行的年代，尤其在我们居住的武昌车辆厂工人宿舍区学习氛围、学习条件不佳的情况下，我依然故我地追求知识，渴望成为有学问的人。我求知欲望很强，没头没尾的书也会读得津津有味；为赢得别人信任，继续借书给我看，我常挑灯夜战。在那个文化书籍匮乏的年代，抄写汉语新华词典亦成为我求学的一种方式。由于那时教英语的老师短缺，我很幸运地得到机会，到湖北大学（原武汉师范学院）附属小学、风雷中学当代课老师。于是我开始幻想着哪一天我要能转成正式中小学教师就好了。我在中学学的是哑巴英语，虽然每次考试成绩名列前茅，但要开口说，真是难上加难。为了教好英语，我在家里的墙上挂了写有醒目英语单词和美句的活页，抄了无以计数的单词本，不时背诵。每天清晨我就早早地上楼顶大声朗读。虽然自己当时只是一个临时英语代课老师，但我从来没有抱着临时工的态度敷衍其责。我自学了全套工农兵大学英语教程；我不辞辛苦、风雨无阻，挤公交车，坚持参加武昌区组织的英语教师培训班。在那个不学ABC，照样干革命的年代，学生不爱学习，更不爱学英语。但我精诚之至，激情讲课，出色地调控课堂气氛，很快感染和影响了学生。他们喜爱我，积极快乐地学习，让我这临时代课老师特别有成就感。那时我们留城生完全没有机会当工农兵大学生，我常无不遗憾地对我的妹妹说："我没希望读大学了，只好寄希望于你了。你一定要在农村好好干，争取被推荐回城上工农兵大学，替我完成读大学的心愿哟。"殊不知，大学梦最终还是靠我自己圆了。

1977年，因文革中断了十年的中国高考制度得以恢复，全国统一考试，择优录取人才上大学。因为那年代许多人荒废了学业，机会突然来临，措手不及，当年报名高考的人数比预期少，在报名截止最后阶段，终于允许像我这样的留城青年参加报考，我万分幸运地搭上了高考恢复后的首班车。因为自己正好一直在中小学教英语，并且一直坚持自学英语，加之70年代，我爸爸被选派援助赞比亚和坦桑尼亚铁路建设四年，他认为当翻译好，这无疑更坚定了我学英语的信心。因此我填报了长沙铁道学院外语系英语专业的志愿。经过严格笔试和面试，我十分顺利地考取长沙铁道学院外语系，实现了我的大学梦，从此我的人生轨迹发生了翻天覆地的变化。

1982年我本科毕业，当时考虑自己年龄太大，应为父母减轻负担，我选择了先工作，来到华东交通大学大学做英语教师。但当时看到有人考研，我心想即使我不考研，我一定要以研究生的水平严格要求自己，绝不自甘落后。随后我坚持自觉收听与自学了电大语文课程，自学了两套法语教程，借阅了一些有关法语语法方面的书。因此，当80年代中期，全国高校提倡大学教师读研时，我又因从未没放松过学习，一举以第二名成绩考上86级南京大学外语系研究生。由于学校当初坚持要我报代培研究生，学成后我必得守约回校继续任教，我不得不忍痛割爱，放弃直接继续攻博。那时我特别羡慕读博士的人，梦想自己某天能读个博士。父母亲那年代，没机会读书，他们有很多遗憾，因此寄希望于子女。我的姐姐和哥哥都是考上湖北省重点中学的高材生，但因为文化大革命，他们荒废了学业，没有机会进大学。我作为工人家庭中考出的大学生、硕士生，我的爸爸、妈妈为我感到极为骄傲。他们认为博士最有学问，他们希望我能成为博士，希望我更有出息。尽管这个愿望，因这样或那样的原因迟迟没有实现，但我一直见贤思齐，从未放弃过自身努力。我有一个很朴实简单的想法，那就是，我要尽力变得知识渊博点，功底扎实些，有真才实学才无愧于学生。即使不能名之所归，然心向往之，我要尽力达到博士的水准。我认定实际专业水平与能力比文凭更为重要。就这样我总有动力向前，不断学习进步。终于在我50多岁时，等到良机的到来，顺利地就读了上海外国语大学博士班，通过拼搏成功地拿到博士学位。

如果我没有执着于自己的梦想、锲而不舍、持之以恒、脚踏实地地追梦，就不会有今天的我。我的每次学历、学位的提升，都是瓜熟蒂落，水到渠成。我认为无论什么年龄，什么阶段，一定要有追求，要有梦想，并付诸努力。追梦的过程让我们人生感到充实，有价值。梦想是我们无形的翅膀，载我们飞得更高、更远。不怕有梦，怕没有梦。有梦，不成没关系，就怕没梦，没追求。有梦，不断努力就好，即使不成功，也总有收获。说不定，哪天就圆梦了。总之一定要自强不息！

感悟二：止于至善、乐观旷达、舍得利他其实是愉悦、丰富、完善和成就自己。

“止于至善”源自《礼记·大学》，意为：要矢志不渝，为达到极完美的境界而努力，追求以卓越为核心的至高要义。简言之，追求大智、大德、大爱、大真。“止于至善”是我校的校训，更是我个人恪守做人的座右铭。我的父母亲淳朴、真诚、善良、厚道。父亲是名符其实的优秀老共产党员，敬业爱岗。有利可图时，他总是先人后己；攻坚克难时，他总是冲锋在前。他虽是工人，但技术精湛，是修机车间8级钳工、钳工班班长，退休后都作为机修专家长期被返聘。我的爸爸不抽烟、不喝酒，工资大头全交付给我妈。他是个非常豁达开朗、很负责、有担当的新好男人和充满父爱的好爸爸。他说力争每天做一件好事，我佩服他能说到做到。比如，有一次他在路上偶然碰到一位从农村到城里读书的新生背着大包小包询问如何去湖北大学，他当时年已78岁了，却主动帮学生扛着行李，亲自送他去学校报到。我的妈妈更是仁善有加，持家有方在当地远近有名。我们家兄弟姐妹五个，爸妈、婆媳、姑嫂、妯娌、子女之间关系融洽，相敬相爱，在当地传为佳话。我妈坚持几十年如一日，义务打扫有九户人家的楼层楼道，直至80多岁那年病倒不能起床，才不得已作罢。因为我妈，我们家成了我们那层楼好几户双职工孩子放学后的温馨港湾。我极为敬佩我的妈妈。我认为她是她那年代妇女中不为文凭"自学成才"、以学为乐的优秀代表人物。我妈是扫盲时才识字的，全靠自学，结果能自如看书看报。这在她那个年龄没上过学的妇女中是比较少见的。她非常善于学习。自从有了电视，荧屏的字幕也成了她学习的渠道。每每发现自己学了新知识，她会津津乐道。我妈妈可谓是活到老，学到老。她善学、好学、乐学精神深深地感染了我，她是我终身学习的榜样。

我在一个原本只有公外的理工科大学教书，如果应付常规的英语教学，那简直是小菜一碟，完全可以轻轻松松、舒舒服服地过日子，不需刻苦钻研。但当我想到我的爸妈殷切期望我做一个有大学问、有出息的人，当我想到自己要成为一个名符其实的优秀教师、做一个对社会有价值的人，我就劲头十足，从不懈怠。我认为无论在哪里，都要积极向上，不断进取。做人知足，但做事、做学问永不知足。要对学生负责，我首先要做好自己，做最好的自己。常言道，名师出高徒。我想即使我成不了名师，起码也要做学生的良师益友，传承爱，启迪他们的智慧，激发他们的内在动力，让他们释放自身的潜力，绽放理想的火花。因此我很重视自身专业知识与理论的学习，并注重理论与实践相结合，尝试教学改革。作为外语负责人，我大力抓教师队伍整体素质，倡导良好的学风与教风，从而大大促进和提高了我校的英语教学水平，比如，四级通过率超过全国同类水平学校，学生参加英语大赛总体成绩在省内名列前茅，省内一些大学英语老师到我们学校观摩教学、交流切磋。作为外语负责人，每年新教师上岗前，我会亲自示范，或听他们试讲，带他们一起听课，然后评课。作为个体，学校青年教师讲课比赛、省里外语教师的讲课比赛，我都不失时机地亲临现场，亲耳聆听、亲身感悟学习。我喜欢研究比较不同老师上课的特点、优点与不足，以此激励鞭策自己不断精进完善。一位年轻老师曾这样评论我："她像蜜蜂，到处采花酿蜜，汲取精华，当然会讲课精彩。"其实不然，我离自己期望的优秀教师还有差距。但我的的确确是酷爱教学，用心揣摩和钻研教学。智力一般、年龄偏大的我，靠的是更刻苦，投入更多的时间和精力，更多地开动脑筋和想办法。

上世纪八九十年代，教师职业并不受人欢迎，许多人跳槽，我坚守自己的爱好。九十年代，我被民选为区人大代表，被民革江西省委会提名为省委会副主委后备干部，有机会可以当官从政。但我不求当官，只求学问更高，本领更强、自己的特长更加充分发挥。自从1975年我在原武汉师范学院附属小学任代课教师以来，我就深深地爱上教师这一职业，我由衷感到自己的生命意义与价值所在。我坚定自己的人生定位，坚持干自己最喜欢、最适合的教书工作，把自己的一生无怨无悔地奉献给自己钟爱的教育事业和学生身上。

数十年来我立足本职工作，伴随着小小的公外教研室一直发展到大外部、外语学院。随着头上的光环越多，我感觉压力和责任更大。唯恐有负大家的厚望，生怕名不副实。于是我主动辞去院长任职，力荐有才干的同仁，我要将更多时间和精力专注于教学与研究，尽心尽意做学生期望和满意的、名副其实的优秀教师。

有趣的是，有意成就他人，不经意中结果也成就了自己！我任院长期间，派送一位青年教师朱明海国内访学，继而他考取了博士生。从他那里获得信息，经由我后任院长王雅丽教授的积极努力以及学校的大力支持，我万分荣幸地成为上海外国语大学博士班的学员。通过自身不懈努力，我终于获得博士学位。

有件事我一生难以忘怀，永远刻骨铭心。2002年底我父亲突然病故，我悲痛欲绝，更年期提前而至，症状加剧。尤其在国外那段时间，我严重失眠，精神恍惚，敏感脆弱，莫名恐惧。但是凭借强大的理想和信念，矢志回报学校、学生和家人的决心，我拼命用学习与工作挤压和排解精神和身体的不适，终于度过那段艰难时光。作为普通人，我是一个极为有孝心、爱心、善心的人。无论我做普通的教师，或当主任、当院长，我一贯清正廉洁，尽职尽责，严于律己，宽以待人。不曾想到，在我不适、不由自主恐惧时，回味自己如何做人善良、清白，竟然也是一副良药，想着想着我的心就慢慢宁静、安然、安定。当我敏感脆弱时，我尽力从积极正面的方面思考和看待问题，想方设法让自己明智、理性、乐观与自信。也正是这个磨难，我亲身体验到身心健康，精神力量的重要。我更透彻感悟人生，我更坚定做一个止于至善的人。因此，我更关注人的问题，尤其是学生的问题，更深入钻研如何批评教育学生而又不伤及他们，如何批评教育学生让他们增加智慧和力量，成为一个内心强大的人，不被成长过程中的问题与磨难击倒或摧毁，而是勇敢直面、善于应对、成功蜕变与超越。

我一直对英汉语言，尤其对教师话语怀有浓厚兴趣。研究生学位论文我从社会语言学角度研究美国俚语。1995—1996年我在雷斯特大学教育学院主攻二语习得，2004—2005年在诺丁汉大学英语系主攻话语分析和语用学。2006年读博后，我思考博士论文，首先就定位在做与教师语言有关的研究，因为教书是我最爱、最熟悉的职业，而且我的许多荣誉源之于教学。我发现批评话语对人的影响极其重要和深远，研究它有其重要价值和现实意义，我乐此不疲开始深入探索与研究。

许多我的同龄人、同学受文化大革命的影响都延误或荒废了学业。我算是幸运的。因此，我尤为珍惜和满足今天得到的一切，特别享受给学生授业、解惑、传道，恨不得与学生分享我所拥有的一切知识和感悟，尤为担心学生虚度年华，一心想帮助他们健康成长，尽早成才、成器、成功。尤其时光荏苒，自己逐渐临近退休年龄，更想抓住余下的宝贵时光为学生好好精彩绽放。如果可能，我愿退而不休，即使不在幕前，也会在幕后，继续为培养教育后代尽一份心，出一份力。其实与年轻人交流，在帮助他们成长进步的同时，我也充实、完善、丰富我的人生。生有涯，学无涯。我愿为我钟爱的教育事业蜡烛燃尽，泪始干。

感悟三：感恩不尽、真情回报。

三十多年献身于教学第一线，只管耕耘，不问收获，在耕耘过程中享受着无穷的快乐，并且不知不觉收获了许许多多。千言万语，万语千言难以表达我感激之心；无论如何我穷尽我所能我所有也难以回报对我有恩的社会与所有恩人。

首先，我万分感谢上海外国语大学给我宝贵机会就读贵校博士，无比感激俞东明教授愿意接受指导我这个老学生。俞教授温良儒雅，可他严谨治学的态度令我不敢有丝毫懈怠；他敏锐的思维、睿智的眼光、独到的见解给了我启迪。如果没有他的悉心指导、指教与指点迷津，我的博士梦就不会圆，我的专著也难于问世。

在此，我谨向所有给我们授课的博导教授们致以最诚挚的深深谢意及崇高敬意！梅德明、李维屏、陈坚林、虞建华老师精彩风趣的讲课与博学多才令我无限敬仰，使我求学深造意志更坚定，老师们的鼓励和肯定更增添了我前行的动力。真心感谢所有答辩委员会的教授，他们严谨不怠的治学态度，令我肃然起敬，他们的真知卓见，尤其是何兆熊、曲卫国、王振华教授的宝贵意见，让我受益匪浅。

极为感谢长沙铁道学院吕培武教授。恢复高考后，他到武汉做77级英语面试主考官，他秉持公道，严格按标准择优录取3人。在众多的面试者中我年龄最大，尽管那时英语招生偏向招应届毕业生，或年龄较轻的人，但他和一同前去武汉招生的老师实事求是，看重综合素质，并根据考试成绩择优录取，没有因为我的年龄偏大而放弃我。如果符合所有要求，只是年龄相对大点，就扼杀掉人家的机会，是不公道、不人道、不人性的。吕老师是我心中的公道神！堪为人师，行为世范！

同时我也很感激我的大学本科英语专业老师长沙铁道学院万大茹教授（北京外国语大学毕业并留校任教，后因丈夫转业调回湖南），她的严格要求、正规指教使我们起步规范、基础扎实。我一直铭记她的教导：入门须正、立志须高，并以此教导我的学生。

我万分感谢原南京大学外语系博导钱佼汝教授，1985年他在庐山讲学时我非常有幸遇到他。正是他的指点与建议，我报考了南京大学语言学方向研究生，开始了从文学向语言学的转向。尽管这个转向开始是无比痛苦，但是自此我理性与感性有了更好地中和，理论水平、科研能力大上台阶。如果没有钱老师当年英明正确的导航，我的教学和科研水平一定达不到今天的水准。

我永远感念我的硕导南京大学的张柏然教授和刘志谟教授，在南京大学学习的三年时间里，他们的厚德笃学和严格教诲，为我后来的教学和科研奠定了坚实的基础。张柏然教授在百忙中抽出时间亲自为我申请同等学力博士资格写推荐信，80多岁的刘志谟教授不时关注我博士论文进展情况，在此我谨表无限谢忱和敬意。

我十分感谢我英国求学时的导师Martin Cottatzzi和金立贤博士，多年来一直关心和支持我的工作与研究，从国外带资料给我，解答相关的学术问题，指出我论文应注意的问题；我也非常感谢我校美籍教师Patty Kelly

博士专门抽时间与我讨论批评话题并为我修改英文简介。

我还要特别感谢江西师范大学外国语学院原副院长李发根教授，2007年他在承办全国系统功能语言学年会时，由于他积极邀请我参加功能语言学学术讲座周和研讨会，从此我爱上并钻研该理论，而且成功运用于我的学术研究；感谢南昌大学外国语学院副院长蒋平博士，她欣然为我申请同等学力博士资格写推荐信，而且在工作和学术上总是不遗余力给予我支持与帮助。

我衷心感谢上海交通大学外国语学院的博士生刘成博，她不辞辛劳主动到南昌亲自教会我使用语料库分析工具，竭诚为我提供相关资料和讨论相关问题，这位忘年交年轻学友让我的理想插上翅膀。诚挚感谢南昌大学张大群博士不时给我提供最新研究资讯和英文原始资料，感谢江西师范大学的博士桑迪欢帮我解答有关汉语语气词相关问题。

我十分有幸得到北京大学的博导姜望琪教授、上海同济大学的博导张德禄教授和黑龙江大学的王天华教授的指点和帮助。他们分别耐心倾听了我的研究概述和认真解答了我的请教，姜望琪教授还特意看阅和评点了我的论文。他们的宝贵建议和鼓励让我深受启迪和鼓舞，我对他们的感恩之心难以言表；他们的博学睿智、厚德敏行令我永远感佩和学习。

我特邀赵国杰教授为我的书作序，因为他是我们江西省外语界德高望重的前辈、“老当益壮”的江西省大学外语学会会长。他为江西外语事业做出了非凡的贡献，堪为典范。他总是乐于扶持后学。我82年分到江西工作不久，就有幸认识他和他的夫人徐建建，并结下了不解之缘。他们于我亦师亦友。虽不在一所学校，但同在江西外语圈内，我一直在赵老师的领导下工作。他的为学、为官、为人之道深深影响了我。我所取得的业绩，应该有他的功劳。有他为我作序，是我的荣幸和骄傲。他真实见证了我的成长和进步。我由衷感谢他在兼任南昌大学共青城校区院长繁忙的工作之余拨冗为我作序。

本书的出版得到教育部高校人文社科课题基金资助，还得到华东交通大学图书出版基金的资助。在此一并表示感谢。

此外，我谨向所有为此书出版给予了帮助和支持的高等教育出版社领导、评委和编辑表示最真挚的谢意！获得机会在全国顶级权威出版社——高等教育出版社——出书是无数学人梦寐以求的愿望。等待通过审题的那段时间我忐忑不安，真是十分煎熬。因此，可以想象，当我接到一个陌生人的手机信息告知：胡老师，经选题委员会讨论决定同意出版您的论文，我是多么激动与兴奋。后来当我知道是徐艳梅副主任亲自发给我时，我更加感动。高教出版社的细心、体贴、周到的服务，严谨、认真、负责的工作作风，是我们作者的坚实后盾，重要保障。

毋容置疑，我特别感恩于我们学校——华东交通大学——长期以来对我的厚爱、栽培、提携和关照，给了我许许多多的荣誉和机会，而这些又转化为无尽的责任与义务，促使我倍加努力提升自己的学术水平，为党的教育事业做出自己应有的贡献。我非常感谢我的同事们给我一个温暖和谐的工作环境，使我能愉快、安心、潜心教学科研。我极为感谢我所有的学生，因为你们，我从未感到孤独寂寞；因为你们，我的生命变得丰富和灿烂；因为与你们在一起，我永远感到青春的活力，思想火花的绽放，一个又一个新挑战；在帮助你们成长的过程中，我不断充实、完善、丰富、提升自己，并实现自己的价值。我深深感谢所有帮助我完成问卷调查的老师和同学们，尤其感激钱淑群、刘健、石进芳和杜默君等老师在数据统计、图表制作、文字处理方面给了我重要的技术指导和帮助，感激陆秀英、孟冬梅、刘晨华、张秀梅、罗玲娟老师和何霞雯馆员在资料搜集方面所给予的帮助，感激熊敏多次与我分享她育女经验以及她女儿有关老师批评学生的趣谈及学生、家长对老师批评教育方式的想法与看法。熊敏作为院办公室主任，与历任四届院长合作，建言献策，圆融通达，她激发了我一些灵感和坚定了我对我研究的信念。

最后，我由衷地感激我的兄弟姐妹与所有家人，因为有你们无私的爱、一如既往的支持、无微不至地照顾，我终于可以实现自己的夙愿！我终于可以告慰我们敬爱的父母亲在天之灵！祝愿所有天下儿女发奋图强，不辜负父母期望！有梦、追梦、圆自己的梦！

絮絮叨叨，意在分享；坦诚相见，旨在明志；满心感念，是为后序。如有不足，甚至若有谬误之处，在此深表歉意，敬请读者海涵。

胡丹
于知乐斋
2014年3月16日